大師枕邊的解夢心理書

盜夢書

靳汝陽 著

心理醫生偷走了你的夢

原書名：作夢的時候，你在想什麼

序 瞭解夢，就是瞭解自己

「莊生曉夢迷蝴蝶」，是夢是醒，化蝶化人，真真假假，莊子將夢與現實連結得如此巧妙，超強的想像力與斐然文采實在令人折服。想必許多人也曾有類似感受：很多時候，真實與夢境的場景相互銜接，實在難以區分。

虛無縹緲的夢境並非真的虛無，夢源於人的心理，古今中外的哲學家、思想家都對心理現象有所闡述。

古人相信，做夢是有原因的，現代研究也顯示相同結果。不同的是，古人多認為做夢是一件非常奇異的事，是一種超自然的現象，十分神祕，甚至有很多根據夢境占卜吉凶的方法。而現代人多半從科學的角度解釋夢境，分析生理和心理方面的原因。

筆者有位朋友屬於「多夢體質」，不僅容易做夢，更能清楚記得自己的夢境。這位朋友自然而然對夢產生興趣，不僅找資料瞭解做夢的生理原因，也十分關注心理原因，久而久之，居然成了「解夢達人」，周圍的朋友一旦做了夢，都愛與他分享。解夢占卜固然無學理根據，難以令人信服，但運用心理學原理分析夢境，進而歸納出做夢者的心理狀態，卻有實實在在的科學依據。

有時夢境會與現實發生奇妙的連繫，某天一覺醒來，完全沒有安眠後的輕鬆，心裡一直思索著昨夜的夢境，彷彿意識到可從中讀出什麼訊息，卻找不到頭緒。直到現實中發生某件事、遇到某個人，才恍然大悟，原來夢境早已提醒了自己。這並不是毫無根據的推測，睡夢中人的大腦依然在活動，由於沒有清醒時有意識地逃避或壓抑，夢境反映出的心理反而更接近我們的真實狀態，適度地解讀夢境，可以幫助我們更清楚地認識自己，在判斷事物時做出最佳選擇。

《盜夢書——心理醫生偷走你的夢。大師枕邊的解夢心理書》是一本基礎的解夢入門書，即使毫無心理學基礎的人也可以輕鬆閱讀。內容涵蓋人們最常出現的幾大類夢境，運用心理學方法加以解讀，讓讀者認識自己的夢境，進而剖析自己的內心。夢不會欺騙你，但人有時會自欺欺人，即便知道了自己的真實想法，也不願做出行動，因此，本書在解析之後，另增加了「生活心法」的小提醒，啟示讀者正視內心的真實想法。

透過這本書，我們可以很自然地體會到夢境對於生活的重要意義。如果你還糾結於為什麼昨晚會做那樣一個夢，那個夢對於自己而言究竟是什麼意義，隱含著怎樣的暗示，那麼，你一定要選擇這本書，仔細閱讀，書中有你想知道的答案，或讓你得到某種關鍵提示，達到「心理抒壓」的目的。最後你會發現，夢境其實也沒有想像中那麼神祕，它是一種潛意識的心理活動，與我們的生活息息相關，直指我們的內心深處。瞭解夢，就等於瞭解心中真實的想法。

認識真實的自己，才能真正地活在當下。

前言　夢境即內心

在心理學這門學科還沒出現以前，人們就已經意識到了「夢」的存在。當時的人們認為，夢境是人的靈魂和人存在的環境——宇宙，進行溝通的結果。

在迷信的人眼中，夢甚至是神諭的象徵。西元八世紀時，法國一個小村莊內的紅衣主教，夢見了著名的大天使聖米歇爾（Saint Michel），認為自己得到了神諭，於是修建了著名的天主教聖地——聖米歇爾山。

中國民間話本中，也經常用孕婦夢到一些奇異的景象，比如金龍入懷之類的，藉以烘托故事主人翁的生世不凡。

目前對於夢的科學解釋是，夢是人的一種主體非自願的體驗，發生在睡眠後期的淺層睡眠狀態中，在人腦海裡產生聲音、圖形、片段或感覺。

人們普遍認為，夢境是大腦儲存資料的長期記憶在睡眠中處理歸納時所產生的神經脈衝，被人的意識解讀成一種光怪陸離的視覺和聽覺感受。因為夢境由是人的神經系統產生，所以，就生理層面而言，夢境會影響人的部分潛意識能力。

在心理學家佛洛依德（Sigmund Freud）和榮格（Carl Gustav Jung）之後，關於夢的研究也成為心理學研究範圍內的一部分。

佛洛依德認為，夢是一種潛意識的願望滿足。當願望不能在現實世界中實現時，人們只能將願望在夢境中無拘無束地體現出來，因此，夢境是對人內心潛意識的直接解釋。在佛洛依德對一些精神病態的分析中，夢境發揮了很重要的作用。

榮格則與佛洛依德持不同意見，他認為夢境是人內心中無意識產生的，沒有經過理智和現實世界的調整，所以是非常直接的意識產物，是人們對周圍現實的真實理解。

也有心理學家認為，夢境如同一種象形文字，把人們對周圍世界和自然的理解，變成一種象徵性的語言文字系統。

夢做為一個擁有科學依據的意識體驗，代表它是可以解析的。一個典型的夢，主要是由各種虛幻的視覺、聽覺體驗、對自然或周圍的異常認知、平時現實生活中的特殊情緒進行重點強化，以及對記憶進行扭曲加工所形成的。在夢境中，很少出現痛覺這種人不喜歡的體驗感受，因此，也可以認為夢境是做夢者潛意識中的選擇。

夢是屬於做夢者的獨特體驗，與各種神祕的現象無關，而是人內心意識的一種變相體現，乃是做夢者把很久以前的人和事加以記錄，再把其記憶中對自己擁有強烈影響的部分，編輯到各種異化抽象的場景中。因此，夢境也被認為是記憶的特殊性增強。

分析夢，就必須從這些光怪陸離的視覺和聽覺感受著手，再依據做夢者日常的生活狀態，包括現在所承受的壓力、內心所存在的煩惱、做夢者的性格特徵、其個人的心理發展過程、與周圍人的社會關係，以及其潛意識的內心渴望綜合起來，分析出內在隱含的意義。

瑣碎生活與心靈的警示 200

Chapter 5

Chapter 1
關於過去的夢境

依賴和眷戀，屬於情感心理學的範疇。

一般而言，依賴分為兩類，即「主觀依賴」和「客觀依賴」。其中，主觀依賴是指自己的價值需要依賴他人肯定，是一種缺乏自信的表現，這類人通常意志力薄弱，內心需要依賴外界的人與物來證明自身的價值。客觀依賴的主要表現為人們強烈倚賴各種物質，比如食物、毒品、金錢等等，俗稱「癮」。主觀和客觀依賴不可分離，兩者是同時並存的。

對過去的依賴，顯然是一種主觀依賴。通常的表現為，因為過去某些人或物留給自己深刻的印象，因而時常將感情寄託於過去或回憶。經常性地依賴過去，便會對過去產生留戀，甚至讓情感深陷其中，變成了強烈的眷戀。

對過去的眷戀，自然是透過回憶來完成的，即人們對過去經歷過的事物和接觸過的人進行解讀、記憶、再認和重現。記憶的保持和重現是一個動態的過程，不像把重要的東西儲存在保險櫃裡那樣，多年後重現，拿出來還是和過去一樣完整。動態的過程會發生一些變化，比如，老師講了一個非常生動有趣的故事，幾天之後，如果讓我們重新複述一遍，則大家複述的內容必然不盡相同，令我們記憶猶新的，只是印象較深的部分。

因此，記憶的特點除了記，還有遺忘。心理學認為，人們在潛意識裡只願意記住自己願意記住的東西，或是某些過於震撼的經歷，將大大小小的相關片段儲存於大腦中。有些我們自認為已經忘卻的東西，潛意識裡仍然存在，這也是我們為什麼會做夢的一個重要原因。

人們為什麼喜歡懷念過去呢？

心理學認為原因之一是由於過去的事情對自身沒有威脅。人們在面對沒有威脅的事物時，非常容易顯露出真誠。許多成年人面對工作和生活的壓力及人性的冷漠時，會本能地產生一種自我防禦機制，透過一些情感上的抒發和寄託，尋找情感的出口，進而保護自己。

第二個原因是感性的人寧願沉浸在美好的回憶裡而不願面對現實，也有可能是童年的記憶太痛苦，令人難以擺脫它的陰影。

第三則是針對老年人而言，老人們喜歡在別人面前，尤其是在年輕人或兒孫面前回憶往事，談論自己年輕時的事跡。這種過分迷戀往事的現象，心理學上叫作「回歸心理」（又叫憶舊心理）。老人們擔心自己成為社會的落伍者，且隨著身體機能下降，心理也會產生落寞的情緒，為了緩解此一現象，老人們會從過去的回憶中尋找安慰。除此之外，有志難伸的年輕人因為對自身處境不滿而又無能為力，也容易產生這種回歸心理。

在回憶的過程中，有時人們願意從第三者的角度來審視自己，尤其在夢境的回憶中，把自己當做一個對象來觀察、判斷並加以完善，進而尋找解決問題的路徑。

另外，在眾多對過去的回憶當中，童年的記憶尤為常見，而且十分真切。著名的精神分析師凱薩琳・凱利－萊內（Kathleen Kelley-Laine）曾經在提出：「對童年記憶深刻，原因在於它們是最初的人生體驗，帶著特殊的味道。無論在任何年齡階段，『第一次』的體驗都要比後來的經歷更深刻（例如，第一次戀愛、第一次分手）。另外，童年的經歷中充滿豐富的感官體驗，從呱呱墜地的那一刻起，我們就置身於氣味、聲音和光線的海洋，在其中成長、學習。某種香料的味道，某個熟悉的旋律，似曾相識的話語，都能把成年的我們帶回已失落的童年天堂。我們記憶中的童年，也有恐懼、傷悲或理想化的幸福。這些記憶往往來自一些特別的事件，兒時的我們尚不能理解，並且加諸我們無法承受的情感刺激。在這種情況下，相關的體驗沒有在心理上得到『消化』，就會以扭曲的形式留存在我們的記憶裡。」因此，每個人都非常在意自己的童年。雖然人總是會長大，但有些人則永遠都像個大孩子，或是說，雖然人看起來很成熟，但是內心永遠住著一個小孩。

依戀過去而產生的影響有積極面也有消極面。心理學研究發現，懷舊可以幫助人們轉化情緒。懷舊可以讓人找到生活的根源和最初的目的及夢想，重新審視自己過去、現在及未來的生活，鼓勵自己向前看。同時，懷舊也可以減少孤獨、無聊與焦慮。當朋友們共同回憶過去一起經歷過的生活甘苦時，他們的感情往往變得更好，夫妻之間也是如此。

但在另一方面，回憶也可能產生消極不利行為。心理學有一個詞語叫做「退行」，指的是一種自我用於防止焦慮的防禦機制。這種焦慮使人退回到心智發展的早期階段，那種要求很少和相對安全的階段。例如：一個男人感受到婚姻、工作等方面帶來的「中年危機」時，他可能會害怕變老，怕自己的能力不足以承擔應有的責任，或認為自己諸事不順，為了避免與無意識恐懼相連的焦慮，他的心理和行為可能退行到青年時期，變得不負責任、開賽車兜風、試著與女性約會，甚至吃兒童食品。這種現象是人格發展遭遇阻礙後的結果。

不管怎麼說，回憶過去是一種正常的心理現象，但是我們並不提倡過分的依賴和眷戀。我們應克服依賴心理，培養自立自強的品格，凡事向前看，花更多的時間創造美好的未來。

01 小時候的家和自己

‧夢裡千尋

黃昏時分，夕陽西下，天邊的雲彩和城市的輪廓都被染上了一層昏黃的色澤。城市開始進入另一個忙碌的階段，人們紛紛踏上回家的歸途。

一個小女孩，紮著馬尾，繫著紅領巾，坐在爸爸的腳踏車前槓上，正開心地吃著雪糕。人流自身邊飛馳而去，隨即化成虛影消失在黑暗中。

小女孩和爸爸面前只有一條筆直的路。路燈漸次點亮，往回家的方向一路蔓延。路的盡頭就是小女孩的家，一座有閣樓的小房子。屋內的燈已經打開，燈光從小小的窗戶向外流洩，照亮了家門口的路。媽媽的身影映在玻璃窗上，來來回回忙碌著。雖然隔得很遠，但是小女孩卻覺得自己可以異常清晰地看到媽媽。

小女孩想著快到家了，心裡很開心。手中的雪糕已經吃完，她突然覺得肚子有點餓。不知道媽媽今天做了什麼好吃的，是糖醋排骨呢？還是鳳梨咕咾肉呢？正這麼想的時候，小女孩突然回到了家裡，坐在餐桌前。爸爸進了廚房，跟媽媽在廚房裡有說有笑。笑聲傳到小女孩的耳朵裡，越來越響。突然，周圍的事物開始碎裂，裂縫中透出大片白色刺目的光芒，一切都在崩塌……

女人把手伸出被子，關掉鬧鐘，看了看身邊空出來的位置，丈夫已經出差一個月了。夢境中的小女孩，現在已經是一個在異地打拚了十多年的職業婦女，擁有一段維繫了十年的婚姻和婚姻的結晶——可愛的六歲的女兒。她的生活充斥著繁忙的工作和複雜的人際交往，剩下的時間全都給了丈夫和女兒，在電腦前她是專業的銷售經理，關掉電腦後就是家庭主婦。關於童年的回憶，本以為已經在多年的忙碌中淡忘了，特別是離家以後，強制性的讓自己不再去想起。沒想到，一場夢，就把小時候的自己和家庭，全部清晰地翻了出來。

·心理印象

關於過去的夢，往往代表著現實生活中做夢者的某種遺憾。

小時候的自己，一般預示做夢者的脆弱，可能是現實生活中遭遇太大的壓力，內心產生了憂鬱感，想要逃避，回到童年時期，做一個無憂無慮、被關愛的小孩。這樣的夢，也代表著做夢者渴望得到更多的關心。

小女孩開開心心坐在父親的腳踏車前槓上。請注意這個細節，小女孩所坐的位置就在父親的雙臂和腳踏車把手之間，是一個很安全的、受到保護的位置。做夢者夢到的第一個場景，是一個安心的、被保護的環境。說明做夢者現實生活中，也希望有人能夠為她撐起一片天。在做夢者的生活經歷中，過去是以父親作為保護者，而現在她進入了婚姻，在遇到困難和問題，需要支撐的時候，她內心渴求的保護者的角色，也就轉移到自己的丈夫身上。

小時候的家，對大部分人而言都是最為安心的地方，在他們離家獨立生活之前，家都是一個無條件給予溫暖的庇護所。這樣的夢，代表現實生活中缺乏安全感，而在家中的情節，則表示做夢者在現實生活中，遇到了一些跟自己童年經歷相關的事。也許是一種延續了很多年的因果關係，或是一種似曾相識的類似事件。而做夢者在遇到了這樣相關聯的人和事之時，就不由自主的將自己過去的看法帶入現在要處理的情況之中。而孩子的眼光，有時是過於天真和片面的，沒辦法客觀全面、成熟審慎地處理問題，很容易直接從自己的感受出發，過於誇大自己所感受到的事物。假使做夢者接收到的是一些比較負面的情緒或遇到困難挫折，就很容易片面地誇張這部分，也因此帶給自己較大的壓力，進而想要逃避，想回到最初、最安全的地方。

這裡還有一個細節，小女孩吃著雪糕。雪糕、霜淇淋之類冰涼的東西，往往代表著做夢者在現實生活，與異性的關係不良。接續前面的分析，代表著做夢者與自己丈夫的聯繫溝通出現了一定問題，比如對婚姻生活產生了懷疑等。饑餓感，是身體和心靈的一種直接體現，假如做夢者不是因為晚上沒吃飯，導致夢中產生饑餓感的話，就證明做夢者的內心有一定的缺口，急需要滿足、填補。而這種情況意味著做夢者必須起而行動，需要充實自己，以解決自己在現實生活中產生的問題。

分析做夢者的現實生活，夫妻倆結婚十年，愛情已經從最初的激情慢慢變得平淡，加上兩人的工作都比較繁忙，回家後還有孩子要照顧，已失去純粹的兩人世界。戀愛的浪漫和激情，已被日常生活中的柴米油鹽醬醋茶取代。很少有丈夫在結婚多年後還經常如熱戀期那般送花、寫情書、營造浪漫之類的，對妻子的感情，都蘊含在「我回來了」、「吃飽了」、「晚安」等平凡的對話中。

當做夢者因為外界的壓力，轉而向丈夫索取支持的時候，又遇上丈夫剛好長期出差，做夢者沒有辦法從婚姻生活中獲取需要的安全感，加上較為平淡的感情生活，便可能將自己這種不安的負面情緒擴大，對丈夫和婚姻產生質疑。

在這個夢境中，做夢者的父母也佔了重要的角色。一般長年離家在外的人夢到父母，一方面是對父母的思念，一方面也是渴望得到父母的關心、體諒和保護。做夢者因為在婚姻中暫時無法從丈夫那裡獲得支持，所以會轉而希望從父母那裡得到。另外，在心理學上，夢到父母又代表做夢者對社會秩序和道德原則的看法。我們在成長過程中，最基本的社會秩序和道德原則都來源於父母的塑造和培養。這種情況下，夢境中父母與自己的關係，就會體現出做夢者對社會秩序和道德原則的看法。假如做夢者在夢中與父母關係良好，就說明做夢者是樂意遵循這些法則的。反之，假如與父母關係不佳，便說明做夢者內心中有一種反叛情緒，想要違背或對抗這些法則。而在這個案例中，做夢者與父母關係良好，說明做夢者是一個樂於遵守原則的人。

生活心法

其實沒必要如此沉重。

有一個說法：能夢到回到童年和父母好好相處，是一件很幸福的事情。因為過去的時光不再，能於夢中再次經歷，是一件很棒的事，會給做夢者帶來幸運。

做夢者可以試著先好好審視自己的生活，處理遇到的壓力。想念父母，就時常打電話問候一下，心裡若特別掛念，不妨抽個時間回家探望。再看看工作，是否遇到了一些困難，或自己給自己太大的壓力，有問題就努力去解決，不需要單槍匹馬埋頭苦幹，嘗試相信自己的同事，尋求協助，也許解決的方法並不難。在工作上有責任感是好事，但是片面地苛責自己，要求自己盡善盡美，就顯得過頭了。人往往有不足，只要總結經驗，努力改進就好。關於孩子，也不要太過於強求，一個過分強勢的母親，在孩子的內心總會留下或多或少的不良影響。

調適好自己自身的壓力之後，冷靜看待自己的婚姻和感情，是不是真的如自己感受到的那樣，被丈夫忽略？或只是因為暫時的距離所造成的溝通不良。不妨放寬心，坦誠相待，對丈夫說出這段時間的感受，無論是生活、工作中的壓力，還是自己暫時產生的猶疑。若自己一個人無法消化，不妨坦然地把情緒問題交給對方，兩個人把話說開，問題就不是問題了。別獨自硬撐，自我犧牲式的堅強在幸福的婚姻中是不必要的。因為對方是你最重要的人，和你一起生活的人，你的另一半。

希望大家學會經營自己的生活，然後慎重地對待感情和婚姻，坦誠相待。畢竟能夠過好一個人的日子，才能經營好兩個人的生活。

02 連續的軌道

・夢裡千尋

抬頭，並沒有刺眼的陽光，天空烏雲密布，深濃而無邊無際。遠處是光禿的山頭，隱約能看見枯萎的雜草，像老人乾枯的頭髮，在肅殺的風中四處散落。而腳下是凌亂的碎石，以及荒廢的火車軌道。

女子下意識向右轉過去，發現自己正在兩根鐵軌的中央，鐵軌上鏽跡斑斑，用腳踢了踢，能聽見輕微鬆動脫落的聲響。女子有些手足無措，四周除了她自己，再沒有其他人。猶豫了片刻，她開始試探地沿著軌道前行。

走著走著，她看見一座月臺，發現了另一個人，身著舊式的藏青色襯衫，黑色長褲，規矩地坐在軌道邊，樣子很模糊，依稀覺得是年邁的老人。那人彷彿並不在意周圍的大片荒蕪。女子開始小跑步，她想跑去到老人身邊，問問這個地方究竟是哪裡。然而就在她快要接近時，那個人卻起身離開了月臺。她迫不及待地追過去，輕拍一下老人的右肩。老人頓住，轉頭，女子忍不住激動起來——是她已逝的外婆。

女子問這是哪裡？外婆為什麼會在這兒？老人沒什麼表情，並不答話。月臺最左端有一間樸素的平房，暗紅色的磚瓦，灰黑色的鐵門。老人步履緩慢地朝房子走去，女子跟著。

門前擺著兩張黃褐色的木質板凳，房子兩側忽然多了幾株丁香。女子坐下來，漸漸驅逐內心的恐慌與不安，忘記外面荒蕪而又陌生的世界。

外婆端出了一碗清湯豆腐，她十分歡喜，便坐在板凳上吃。感覺到飽腹之後，老人又將她帶回了月臺。

這時，月臺下面的鐵軌突然煥然一新，遠處有火車的轟鳴，須臾間，一列不知開向哪裡的火車在月臺停下。外婆指了指火車，要她上去。女子猶豫，卻被外婆拉著手上了車，這時她看清火車的車次，正是她每次探望父母後返回異鄉搭的那列。她要外婆和她一起走，外婆搖頭拒絕，下了車，回頭又看她一眼，便回到紅磚房裡了。

列車開動，月臺慢慢消失，窗外的景色漸漸有了生機，女子被景物吸引。車速時快時慢，列車時而轉彎，時而直行。直到終點，她下車抬頭一看，烏雲已經退去，隱約可見太陽的光芒，回頭望一眼面前的軌道，已泛著若隱若現的斑斕色彩。

慢慢地，女子睜開眼睛。周圍是她熟悉的租住屋，與家裡的安靜不同，她聽到窗外不斷有汽車鳴笛的聲音，提醒她正獨自處在一個繁華而又嘈雜的都市。

軌道，象徵一定的規劃，抑或是未來前進的方向。

・心理印象

我們無法完全按照自己的規劃按部就班生活，很多時候，會發生脫離掌控的意外。那時我們會徬徨失措，面臨艱難的選擇，找不到前方的路。我們在白天下意識地刻意壓抑自己的情緒，夜晚卻在夢中暴露了自身的恐懼。

夢裡最初出現的是毫無生機的蕭條環境，光禿的山頭，密布的烏雲，肅殺的風，都反映出做夢者壓抑的情緒，如果長時間積累這種情緒，會令人感到絕望。而生鏽的鐵軌，則是暗示自己某些規劃已經行不通了，或是過去的想法並沒有付諸實踐，已經被忽視許久，而內心卻一直耿耿於懷。且四周並沒有其他人，說明找不到人抒發自己內在的情緒。做夢者隻身在大城市裡打拚，如果單身沒有結婚，那也代表了因為疲憊而產生的寂寞和一種逃離的渴望。

但人不會被輕易打敗，恐懼亦能激發人的勇氣。於是在夢裡，那個女子沿著軌道繼續向前走。由於潛意識裡希望有人出現打破孤寂，所以她的外婆出現了。看到外婆，她很激動，代表現實生活中，做夢者的外婆一定是對她十分重要的人，至少能夠給她足夠的安定感。而且，做夢者近期可能思念她已故的外婆，或許想著如果外婆還活著就好了，如果還住在一起就好了。

我們可以發現，夢中老人的樣子一開始是模糊的，真正走近時才變得清晰，說明做夢者希望遇到她的外婆。外婆的出現，算是填補了思念的缺口，彌補了平時孤身一人沒有親人在身邊的遺憾。

值得注意的是，夢裡出現的那個房子儘管老舊，卻是有顏色的，而且是紅色系，給荒涼的四周注入了一絲溫暖。周圍還有丁香，丁香花的香氣較為濃郁，說明做夢者需要有相對強烈的外在環境來驅逐自身的恐懼。接著，做夢者十分欣喜地吃著清湯豆腐。豆腐，色白如牛乳，溫熱柔軟，如果不是做夢者平日裡特別愛吃，抑或是豆腐與她已故的外婆有什麼特殊的聯繫，那麼夢見吃清湯豆腐，代表了做夢者希望在吃食當中尋找一種溫和的安寧。

而這些，又都是因為外婆的指引。說明做夢者曾經非常依賴外婆，得到外婆許多寵愛。她相信外婆能給她帶來生活的希望和動力，或說藉由曾經愛過自己的人找到繼續前進的信心。

月臺類似一個休息站，是可以讓人暫時停下來的地方。抵達月臺之後，可以選擇繼續上車前進，或是換乘其他列車駛往不同的方向。所以，不論是思想還是行動，月臺都給予了再一次選擇的機會。因此，做夢者潛意識裡想突破這種絕境，而不是被動的深陷其中。於是夢中，她在月臺遇見了她依賴的外婆，獲得了信念的泉源，又從這個月臺重新搭乘火車，可謂把握了希望。而月臺下面煥然一新的鐵軌和火車的轟鳴，都代表了生活出現新的契機。

火車正常行駛，預示了自由的前進，順利的進展。外婆雖然沒有繼續跟著，但感覺她就在遠處的那間房子裡，信賴之源並未消失不見，所以，做夢者不會再度陷入恐懼，也可以說做夢者已經找到了信心，可以帶著自信獨自前進。

至於熟悉的車次，從這點可以瞭解到，每當我們回家探望父母，總會從他們那裡得到很多關愛，因此，就算平日離家再遠，也會感覺身後有堅強的後盾。所以，每次回到工作、生活的異鄉，不論忙碌還是悠閒，漂泊還是穩定，全身都充滿了很多的力量。因此，那趟從家鄉駛往異鄉的火車，也承載了做夢者背後一直存在的溫暖關愛與支持。

最後的終點，柳暗花明。烏雲終於退去，軌道呈現出新的色彩，這些轉變源自做夢者內心的慎重、理性與小心翼翼，太陽的光隱約可見，軌道的色彩也是若隱若現而非濃重的，正說明做夢者在現實生活中是個規矩、個性穩重的人。但這樣隱晦的光明恰好帶給人無盡的希望。斑斕的色彩已經漸漸呈現出來，那麼光芒萬丈的世界就不遠了。

生活心法

我們可以看到，做夢者內心還是積極樂觀的，沒有陷入一味的被動與恐懼。我們在現實生活中若遇到瓶頸，也的確需要借助很多外在的力量幫忙，而不是自己一個人硬撐。做夢者意識到這一點，於是在夢裡透過外在的人事物尋求解脫，而這也是內心追求的結果。

當各式各樣的挫折阻礙了前進的方向，或因突如其來的意外變化而措手不及時，家人、親戚、朋友、同事，都可以成為我們獲得力量的泉源，即便是許久未聯繫的老友，也會在不經意間想起你、念著你、關心你，關愛的力量無遠弗屆。想到這裡，就算身在異鄉，也會覺得溫暖。建議做夢者平時多和親友聯繫，多參加朋友、同事的聚會，有空時探望父母，感受到的關愛多了，就能驅除自身的寂寞感。而且，要試著信任他人，只要敞開心胸，交一、兩個知心摯友並不難，把不開心的事和他們說一說，聆聽他們的建議，或許就能少鑽一些牛角尖。

沒有人能夠一直一帆風順，但前進的道路總是有的。看似不起眼的角落也可以發光發熱。有時儘管我們仍舊在走一條老路，但心境不同，沿途的風景也就不同了。

03 年輕的母親

・夢裡千尋

那是一座灰白的兩層樓房，樓上有一個年約五歲的男孩，手中拿著兩顆小石子，正向樓下探看。他的眼睛似乎在瞄準什麼，握著石子的手蠢蠢欲動，但始終沒有擲出去。直到有一隻棕色斑紋、十分乾淨的貓叫了一聲跳上他的肩頭，他嘆口氣，抱著貓，轉身消失在右側盡頭的大門內。

客廳的電視開著，播放黑白老電影，臥室裡傳來噠噠噠的機械聲。他推門進去，看見母親正坐在縫紉機前認真地拼接一塊塊形狀不規則的布，縫紉機是老式腳踏的那種，木質打造，上面刷了一層深棕色的漆。母親十分認真，隨著她的右腳不停踏著機器下方的方板，噠噠的聲音也越來越清晰，她沒有抬頭，彷彿並不知道男孩走進了屋子。

母親身後是一張單人小床，床上有個年紀比男孩略小一點的小女孩，穿著棉質動物圖案的睡衣，安靜地坐在床上堆積木。積木方方正正，一眼算不清數量。女孩慢慢地把一塊塊積木堆成金字塔形狀，然後推到，再堆，再推到，如此反覆，不厭其煩。

這時，縫紉機的聲音停了下來，母親起身，回頭看了看床上的小女孩。母親的臉十分光潔白皙，眼角沒有皺紋，身材也十分標準，完全看不出已經生了兩個孩子。她伸手抱了抱床上的小女孩，手指肌膚細膩光滑，毫無半點粗糙的印記。她的眼神中有著無盡溫柔，傾瀉暖暖的愛意。

男孩愕然發現，那是年輕時候的母親，三十歲左右，十分美麗。而他此時低下頭才發現，自己的身形好像很小很小。他立即跑到穿衣鏡前，鏡子裡清清楚楚映照著自己五歲時的稚嫩模樣。

母親走出屋子，在客廳擺好桌椅，接著去了廚房，他在背後跟著，看她從鍋裡拿出蒸好的飯菜，他想幫忙端進飯廳，但母親並不理會。這時家裡突然多了一些人，一起圍著餐桌準備吃飯，男孩也趕緊找個位置坐下。

待飯菜都擺好，母親抱著小女孩出來，這時，她突然和男孩對望了一眼，欣喜地說：「你回來了，怎麼不說一聲！」

「是啊，媽，我回來大半天了，妳都沒看見我。」男孩說完，突然頓住了，他發現自己發出的聲音一點都不稚嫩，而是已經發育成熟的青年的聲音。他又看了看對面，母親依舊是三十歲的模樣。

「還好趕上了。過來，孩子。」母親把女孩交給旁邊的阿姨照顧，向他招了招手，把他帶進房間裡。他又照了照鏡子，發現自己已是現在二十多歲的模樣，體型健碩，比身旁的母親高出很多。

母親從縫紉機上拿下一件黑色的西服外套，青年試穿，發現不合身，他著急地抬頭，母親一副「稍安勿躁」的表情，好似在說：不急，再改一改就好……

·心理印象

做夢者是一位即將大學畢業的男生，面臨著找工作的壓力，人在壓力過大時，內心往往會努力尋找釋放壓力的出口。

一般來說，童年是無憂無慮、自由自在的，因此，男生在夢中先是變回了自己五歲時的模樣，暗示做夢者想要尋找小時候沒有憂愁、快樂成長的感覺。灰白色的兩層樓房，可能就是夢者小時候居住過的地方，或是夢者的內心深處對某幢兩層樓房有著深刻的印象。男孩想要往樓下扔石子，其實是一種發洩情緒的欲望，但是最終被身邊的小貓阻止，代表他控制了這種欲望的發洩，也許是因為做夢者從小受到過良好教育的緣故。而貓是溫順又狡黠的寵物，乾淨的貓一般象徵著好運。

客廳電視裡的黑白電影也代表了童年和過去，而看到母親在縫紉機前做衣服，表現了母親勤儉持家的形象，也有可能做夢者小時候穿過母親為他做的衣服，因此感受到強烈的溫暖，並留下十分深刻的記憶。如果不是做夢者有姊妹，那麼小女孩則代表了做夢者的一個分身，在夢裡代替他享受母親的關愛。同時，小女孩十分懂事，做夢者製造了一個乖巧的形象以獲得母親溫柔的眼神和暖暖的愛意，藉此緩解自身的壓力。

每個年輕的母親都是孩童內心認定可以遮風擋雨的港灣，因此，夢裡的母親回到了三十多歲，實際是做夢者想重回童年，在母愛中獲得前進的力量。再後來，男孩恢復成二十多歲的模樣，並成功開口與母親交談，是想向至親道出心中的委屈與不安。

最後，西服外套象徵著做夢者即將展開求職的新生活，而衣服不合身，間接說明了找工作並不順利，而夢裡母親淡然的表情，或許能帶給做夢者心理安慰。

生活心法

人們在面臨抉擇的時候，難免會覺得迷茫，對一個即將畢業的大學生來說，找工作算是人生中一件十分重大的事，而當我們使出渾身解數尋找一份適合自己的工作時，往往會忽略了調適心態的重要性，壓力越大，心情就越浮躁，越浮躁就越容易失去機會。

最終，還是要學著讓心沉澱下來。煩悶的時候，我們容易回憶過去，尤其是過去美好的時光，這不是什麼壞事，回想一些積極進取或是無憂無慮的日子，能讓我們重拾自信。

有時遇到困難，我們不願讓父母知道，尤其是遠在異鄉的遊子，報喜不報憂的情況更是常見，因此會在夢中尋求一些心理安慰。其實大可不必，多和父母溝通，說不定會得到更多有意義的想法和建議。

每個人都有感到迷茫和壓力沉重的時候，在還不清楚想要的是什麼之前，我們可以容許自己有一段迷茫無措的時間，也藉這個機會仔細思考，一旦確定了自身的想法，就要堅定不移地行動，這樣便可以帶著輕鬆而踏實的心情，往前邁進。

04 似曾相識的場景

·夢裡千尋

客廳煙霧彌漫，非常吵鬧，擺放著一排排電腦桌，樣子更像是課桌，每張桌子上都配有一台舊式的電腦。

很多不認識的陌生面孔坐在電腦前玩遊戲，甚至有人拿著舊型的搖桿，邊玩邊叫嚷著，突然有一個人站起來，猛拍了一下旁邊一名學生打扮的男孩，喊了句什麼，聽不清楚，他臉上的表情，似是憤怒，似是興奮。

少年起身，關上臥室的房門，想要將吵嚷聲一同隔絕在外。地上有很多書，雜亂無章地擺放著，他坐在窗邊的桌前，也在玩遊戲，螢幕上是十分唯美的畫面。

再一次過關之後，他突然有些恍惚。感覺此刻的場景十分熟悉，他有些不好的預感，覺得必須趕緊離開，去躲避些什麼。這時，樓下有一個熟悉的聲音在叫他，探出頭一看，發現是他相識多年的好友，亦是過去時常一起玩耍的鄰居。那人雙手一直胡亂地比劃著，用略顯驚慌的聲音提醒他，老師們來逮他了！

他明白是為了什麼，因為他已經很多次沒交作業了。為了避免學校的懲罰，他選擇蹺課。沒想到，老師竟到家裡來逮人了。

在好友的幫助下，他翻出窗戶，兩人一起逃跑。他不明白朋友為什麼也跟著他跑，他沒有問那麼多，因為他記得曾經有過或將會有這樣的時刻，他們兩個就這樣一起逃跑。

轉彎處，朋友抓著他的手向右跑，他猶豫了一下，大喊：「是這邊。」便反拉著朋友一起向左跑去，後面隱約能聽到叫喊聲，他倆加快了速度。

道路越來越陌生，卻又似曾相識，在一條兩旁種滿柳樹的小巷盡頭，他撥開幾乎比他還高的草叢，看見一個洞口。

「我們穿過去。」他說。

朋友猶豫，「這是什麼地方？怎麼會有這樣一個洞口？會不會迷路？」他不停問著問題。

少年說：「我也說不清，但印象中我來過這裡。只要穿過這個洞口，一定是個好地方。」

「你來過，我怎麼不知道？」朋友質疑。

少年沒有再回答。他也說不清，或許是夢到過也說不定。從開始玩遊戲到站在洞口前，彷佛一切之前都已發生過。

兩人先後進了洞口，裡面雖然黑，但是牆上有微弱的燈光閃爍，地面很平，偶爾有幾個台階。他們一直向前小心翼翼地邁著步伐，直到看到與入口相同的草叢。撥開，有刺眼的陽光射進來。

他倆從洞口鑽了出去，眼前展開的，是一個寬大的足球場，有很多孩子們在練習足球。少年非常激動，他一直希望能加入學校的足球隊，但是礙於學習成績不好，家裡並不同意。而教練見他們兩人出現，臉上竟是理所當然的表情，隨即走過來，要他們趕緊去熱身。

少年開始在場邊練習跑步，一圈跑過一圈，心裡越來越舒暢……

醒來，男子無奈地笑笑，竟還會夢見過去。他記得小時候住家附近有一個很大的足球場，他閒時經常在那走上幾圈。

・心理印象

我們可能都有這樣的經歷，覺得有些場景好像經歷過。這種「似曾相識」的感覺，在每個人身上都會發生，有的人是在現實生活中，有的人是在夢裡。

人為什麼會有似曾相識的感覺？心理學家指出，人在大腦疲憊、感受壓力的時候很容易出現這樣的感覺。可能是人們得到了大量的資訊，充斥著大腦和內心，偶爾會在某些事物上產生熟悉感。這種感覺可能真實，也可能是虛幻的。有時，人不需要真實的記憶，就可以為自己創造一種熟悉的感覺。

而拋開先入為主的觀念，還有如下解釋：如果在夢中夢見了似曾相識的場景，可能是某個印象早已潛藏在做夢者的潛意識裡，加上心理強化的作用，就會偶然的在夢裡顯現出來。

夢中，一開始出現的是較為嘈雜的惡劣環境，實際反映了做夢者對家庭環境的厭惡。可能是因為兒時學習成績不理想，家長和老師給的壓力較大，造成這種潛意識的抗拒。

一般來說，遊戲是與學習互相對立的，沉迷遊戲是不被允許的。而夢中不僅客廳有很多人在玩遊戲，就連做夢者自己也在玩，書本則丟在地上，一是說明做夢者想要在遊戲中愉悅自己，二是潛意識裡對自己的暫時放任。但這樣的放任態度又夾雜著擔心和憂慮，這種心理效應導致做夢者有不好的預感，覺得會有人來抓自己，並覺得這樣的場景是熟悉的。

夢見逃跑，象徵一種躲避行為，事實上做夢者並沒有找出解決問題的好方法，因此導致潛意識裡的逃避。逃跑的路徑及所到達的洞口都是熟悉的，好像以前曾發生過一樣，可能是因為現實生活中這種逃避的心理較為強烈，因此大腦虛構了一些場景，將潛意識的活動在夢裡展現出來。

夢裡的洞口兩端都被草叢蓋住，暗示這是一個心底的祕密。是做夢者不願與人分享的——一種想要逃離的心情，以及想要踢球的願望。

如果不是現實生活中做夢者真的喜歡足球，那麼夢裡的足球則代表了一種釋放心靈的運動，或是舒緩緊張氛圍和情緒的方式。

生活心法

我們應該學會坦誠相待，不僅是對他人，也是對自己。坦誠地面對自己的內心和自己的渴望。

如果有想要達成的目標就去努力，如果有想念的人就去探望，不要因為自身的框架而限制了自己的想法或行動。

此外，更不要被過去束縛。每個人可能都有過令人沮喪的經歷，或是不能令他人滿意的地方。但是，我們依舊有很多翻身的機會，重要的是，不要太在意別人對自己的看法。

如果和家人的關係不好，或是因為某些特定的原因無法和家人好好溝通，那麼請說服自己嘗試聯絡、主動親近家人，家永遠是我們的避風港。那些壓力和逃避，其實都源自我們內心對未知的想像。

05 以前的同學

・夢裡千尋

某間高檔中式飯店門外，迎面走來一位相貌普通、氣質尚佳的女子，大約三十五歲，呈現栗色的披肩長髮，髮梢不規則地捲起，一身棗紅色毛呢連身裙，腳蹬黑色高跟裸靴，手拿暗紫色方形小皮包，鑲著鍍金拉鍊，低調中略顯奢華。

服務生熱情地接待她，把她領到已經訂好的四人座位上，她含笑點頭致謝，優雅地坐下。其他人還沒到，她點了一杯檸檬汁，從容地等著，並不著急。

過了一會兒，還是沒有來人，女子看了看錶，幾秒鐘後，又看了看錶。她開始望向門口，同時無聊地觀察來往匆忙的服務生，以及隔壁桌正在吃飯交談的人們。

突然，她瞥見一個熟悉的背影。女子愣了愣，片刻後笑自己眼花，暗暗自語：「怎麼可能？」然而眼睛卻無法再移開視線。只一瞬間，那人像是有所察覺一般，驀然回頭，女子淡定不再，猛地站起身，差點打翻杯子，臉上掛著難以置信的表情。

那人輕輕地和身邊朋友說了句耳語，便起身向她走來，不疾不徐，嘴角溫和地上揚，似是沒有看見女子的錯愕。

「老同學，好久不見。」他說，伸出了手。

「好久不見。」女子有些僵硬地回應。

接著，那人做出一個十分紳士的「請」的動作，便帶頭向前走去，女子似乎忘了自己已經有約，拿起皮包一路跟著。她想問他怎麼在這裡？但是由於周遭的嘈雜，她始終沒有問出口。

不知道繞了幾個彎，那人在一個包廂門口停下，嬉笑吵嚷的聲音不斷，聽得出來裡面很熱鬧。那人推開門，笑著請她進去，她走進一看，發現裡面有兩張大桌，包廂內全部是她以前的同學，有國中的，也有高中的，甚至還看見了一、兩個小學同學。

他帶她進去，坐在剛好剩下的兩個空位上。同學們絲毫不見驚訝，而是繼續嬉鬧著，彷彿他倆理所當然應坐在那裡。

那人開始和周圍的人溫和交談，她也漸漸融入熱鬧的氛圍當中，他雖然就坐在身旁，但兩人並沒有刻意搭話。

看到眾多熟悉的面孔，女子突然恢復了自在，甚至有些欣喜。

原來是同學聚會啊！

直到鬧鐘響起，女子仍舊不願醒來。可是她知道，日復一日的乏味工作還在等著她，老公出差過兩天才會回來，昨天晚上他們在電話裡小吵了一架。還有今晚，她要去婆婆家接兒子……

・心理印象

夢見同學聚會，夢見以前的同學，便會連帶著想起過往的青春歲月和一起上學的時光，會給平淡的生活增添一些美好的回憶，為已經喪失鬥志或屈服於現實生活的人們，尋找過去奮鬥打拚的動力。面對複雜的社會關係，學生時代單純的友誼總令人非常懷念。

夢中遇到某個特定的、印象深刻的老同學，代表他在你內心深處擁有一定的位置，不一定十分重要，但一定是你在某個時期特別在意的。也許你們曾經關係很好，多年未見，因而開始想念，如果是異性，也許你曾經對他有過特別的情感。

夢中的女子氣質尚佳，穿著打扮落落大方，細節處透出低調的奢華，但對比醒後現實中的乏味與煩躁，更顯出光鮮亮麗背後的無奈。

女子開始在座位上等人，但是原本約的人一直沒有出現，其實是做夢者心裡根本不期待有人出現，或者內心還沒想好究竟誰出現比較合適，反映出做夢者現實生活中孤獨的處境，或是朋友雖多，但是知心朋友卻寥寥無幾。

夢中看到熟悉的背影，確定是熟悉的同學，卻不敢相信，表示做夢者內心深處對那個人的想念，現實生活中兩人必然許久不曾見面，也甚少聯繫。雖未明確顯現對方的性別，但亦可看出是位男性，很可能是女子在學生時代的愛慕對象，或兩人有過很好的感情，這種感情不一定是愛情，也可能是知己、朋友，但是關係一定很好，或者很特別。

夢裡那個人把女子帶到同學聚會的包廂，他算是一個引領者，也可以證明他是女子信任的人。而同學聚會，暗示了做夢者潛意識想重溫舊時的學生時光，或現實生活中參與過的聚會，能帶給做夢者一種愉悅的心理狀態，而這種狀態正是目前做夢者所需要的。

生活心法

一個人從初入社會到圓滑世故，可能不需要太久的時間。社會的人際關係複雜，很多時候我們疲於應付，卻又不得不面對，自然會累。既然累了，就試著放鬆自己，別硬撐。

有句話說：世界無論少了誰，一樣會運轉。這不是自暴自棄，也不是不負責任，只是建議我們可以適當地休息。參加一場聚會，計畫一次旅行，品一杯茶，讀一本書，只要願意，這些都是很好的放鬆方式。

忙也好，閒也好，重要的是心境愉快。而短暫的休息，是為了走更長遠的路。

06 親人

‧夢裡千尋

一個寬敞的客廳，正門口斜對角擺著一盆生長旺盛的搖錢樹，沙發和茶几是大紅色，沙發正上方掛著巨幅十字繡，圖案為牡丹花簇，左邊刻有四個字「花開富貴」，牆壁呈暗金色。

客廳正中間擺放了一張很大的圓形飯桌，上面擺滿了各式菜餚，看起來是家常菜色，但令人垂涎三尺。一位年邁的老人首先入席坐在主位，接著，屋子裡陸陸續續出現很多人，紛紛坐在桌旁，大多是晚輩，但並不拘束，彼此隨意地打招呼，其樂融融。

待眾人入座，老人舉起酒杯，說了幾句話，大家應和著，並一一送上祝福，老人笑著點頭，但聽得並不真切。窗外突然響起鞭炮聲，隨後煙火燦爛，直衝月夜，給黑暗的天空裹上繽紛的色彩，雖然轉瞬即逝，卻叫人流連忘返。老人也被這聲音和景色吸引，走到窗邊，打開窗子，璀璨的顏色在老人的臉上變幻著，老人感覺自己好像就要消失了一般，但是自己極不願意。

這時，門鈴響起，屋子裡的人一開始像沒聽到似的，均未有反應。但是門鈴一直不間斷地響著。老人終於反應過來，從窗邊轉身，迅速地向大門走去。

門口站著另外一對老人，樣子看起來比屋內的老人稍微年輕一點。老頭攙扶著老伴的手臂，老伴手中握著一只信封，看見前來開門的人，眼眶突然流下了淚水。

「是……你嗎？」門外的老人顫巍巍地遞上信封，上面寫的正是老人的住址和他的名字，打開信封，展開信紙，裡面寫著老人極為簡潔的生平簡介，但是簡介資訊到他退休的三十年前就打住了。

老人若有所思，忽然，他好像想起了什麼，恍然大悟，卻又難以相信，他瞪大了眼睛，臉上全是驚愕的表情。

「哥，我找你了好多年……」門外的老婦激動地說。

老人再次看向門外的人，熟悉的臉龐與記憶中的模樣不斷重疊，他終於確信門口這兩位就是他離開家後至今未見的堂妹和妹夫。算一算時間，已經四十多年了。

老人有好多話想和他們說，有好多問題想問，可是剛把二人接進屋，就醒了。老人懊惱自己為什麼醒來，抬手往臉上一摸，發現臉龐是濕的。

・心理印象

夢見親人，是表達對親人的思念。如果是老人做這類的夢，往往反應出孤獨，渴望溫暖，以及對親情的眷念。

夢中首先描繪了一個十分喜慶的氛圍，客廳的裝飾擺設是大面積的紅色和金色，桌上有看起來十分美味的菜餚，屋子裡的人們一同圍桌而坐，這些都反映了老人盼望團圓的心情。或許在現實生活中的某個節慶，老人曾有過這樣家族團圓的體驗，或許夢裡描繪的是老人潛意識裡的渴望，希望子女親屬常伴身邊。

煙火通常表示情感的升溫。老人想要透過煙火的絢爛來掩蓋淡淡的憂愁與遺憾，但是煙花易逝，也表示幻想容易破滅，或美好的東西不容易保存。這也表現出老人的擔憂，以及擔心自己的希望不能實現。煙火的變幻甚至使老人的感覺變得不太真實，也代表了老人的孤獨和不甘心。

不間斷的鈴聲具有警示作用，吸引做夢者的注意力，而與多年不見的親人團聚，代表做夢者在現實生活中與親人長時間未能聯繫，藉由夢境表達自己對親人的思念；也可能代表做夢者希望生活中能夠多一些喜事，少一些煩心事。在老人眼中，團聚，往往就是幸福的象徵。

一般來說，夢中的對話，是夢者自己內心深處希望別人給他的暗示。也就是說，做夢者希望夢中門外出現的是他的堂妹，希望能與多年未見的他們團聚。

如果現實生活中他的堂妹已故，那麼就是一種懷念，反之，則暗示做夢者希望自己得到更多的關愛。

生活心法

老人是我們必須用心關懷的對象，不知大家是否發現，自從年輕人組織了自己的家庭，有了孩子，幾乎全部的精力都會放在子女身上，因而忽略了父母。年邁的老人，尤其是子女平時都不在身邊的老人，內心大多是寂寞的，常年的思念鬱積在心頭，只好盼望節日時的團圓。因此，經常探望父母、孝順長輩，是為人子女亙古不變的責任。

如果兒女不在身邊，老人家應多培養自己的興趣愛好，結交同齡朋友，一起排憂解悶，轉移精力。現在通訊發達，也可以學習使用各種便利的科技通訊設備，常與親人們聯繫。

對於生活條件和身體狀況欠佳的老人，更應該調整好心態，知足常樂，這輩子的人生經歷，就是你的無價財富。

07 以前的學校

・夢裡千尋

清晨，鬧鐘響個不停。一隻有些皺紋的手緩緩從被窩裡伸出來，在床邊摸索著。「啪」一聲，鬧鐘從床頭掉到地上，停止了鈴響。被窩裡的人起身，睡眼惺忪逐漸清明，突然好像想起了什麼，動作越發迅速起來，更衣漱洗後，幾個箭步跨向一張有些雜亂的老式木桌，在一堆書本間，準確地說，是在一堆課本中間找到一本練習冊和一本數學作業本，塞進書包，便匆匆向門外走去。

推開大門，剛打開腳踏車鎖，便被剛從外面買完早點回家的老伴叫住，疑惑地看著他。

「答應今天借同學一本作業，約好了早上在校門口見，差點忘了。」說完，跨上車就往學校騎去。後面隱約聽見老伴的聲音：「都退休了，上什麼學？」

剛轉出院子，毫無預兆的大雨傾瀉而下，腳踏車上的人沒帶傘也沒雨衣，他一手護著書包，一手握著車把，焦急地朝著學校快速騎去，全然不顧濕透的衣衫。

學校漸漸出現在視線中，雨水打在臉上，有些看不清楚教室大樓的模樣。他把車隨便停在一棵柳樹旁，快步走向校門口，卻不見約好的同學，等了一會兒，同學仍未出現。在他失望地走向腳踏車準備回家時，雨停了。

回頭，灰色的教室大樓變得越發清晰，和他記憶中光禿禿的灰牆不太一樣，上面爬滿了常春藤。操場還是原來的樣子，很小，只有兩個籃球場，東側有幾座單槓，這個時間沒有學生在外面，也沒有聽到朗朗讀書聲。

他走進校園，不知為何，身上的衣服已經乾了。進入教室大樓，一旁的布告欄上有些優秀教師和學生的簡歷，以及各種學校活動的照片，角落有一面鏡子，他湊過去看，發現自己回到了少年的樣子。

這時，突然出現一個老師模樣的人，手拿一落試卷，問他快考試了怎麼還站在這兒？他應了一聲，便跟著老師走進教室，把書包放在講臺上，找一個空位坐下，周圍的學生一個都不認識，但是教室卻是熟悉的。試卷上是他熟悉的數學題目，但是他卻答不出幾題。好像只過了很短的時間，考試結束的鈴聲便響了，他十分懊惱著急，在老師上前要強行收走他的試卷時，他醒了，想起自己前不久才剛從工作崗位退休，和老伴一同開始了晚年的退休生活。

・心理印象

夢見過去的學校，象徵著對社會生活的一種逃避，或對學習知識的一種渴望。如果經常夢見學校，也代表對以前學校的懷念。

一個剛退休不久的人，夢見一大早起床去學校借同學作業，說明潛意識在夢裡把自己當成了一名學生。這暗示著做夢者還不太適應退休生活，比較懷念以前上班時有著人際交往的日子。

夢中突然下雨，代表壓抑、煩惱，以及放不開的事情。可能是做夢者因為心情因素睡不好，或心中還有放不下的事，而夢中向他借作業的人沒有出現，也暗示了做夢者的失望。

走進以前就讀的學校，除了常春藤比較陌生，其他場景都很熟悉，說明做夢者一種積極向上的願望。如果現實生活中做夢者閒不住，考慮退休後返聘，或自己想再做點什麼事業，那麼學校也代表了一種再次從業的壓力。

至於參加考試，是想重溫校園生活，在懷念的基礎上找回學習進取的自信。但考試時答不出題目，則代表做夢者內心壓力比較大，或是擔心自己能力不足，希望自己還能做點什麼又害怕做不好，或者是面臨全新的退休生活還不太適應，沒有做好十足的心理準備。

生活心法

退休之後，一個人的生活習慣、人際關係，以及收入來源等都發生了很大的變化，很多人在退休初期都難以適應，或需要很長一段時間才能完全接受，這是一種正常的心理現象，但是應儘快調整自己的心態，積極面對退休後的生活。畢竟，如果沒有太多的生活壓力和負擔，退休生活其實是很享受的。

儘量保持身體健康，便意味著有大量的休閒時間可以自由支配。如果不願意時間白白浪費，或覺得自己老當益壯，還可以做很多事，那麼可以考慮參與志工活動或參加社團培養愛好，既充實生活，又有機會廣交朋友，何樂而不為呢？

08 未曾謀面的藝術家

・夢裡千尋

一個挺著肚腩的中年男子從辦公室出來，手拎棕色牛皮公事包，邊緣有明顯的磨損。就在他正要進捷運站入口時，他發現旁邊不遠處圍了很多人，像是牆上貼了什麼令人好奇的告示。他湊過去，看到一張十分搶眼的海報，寫著「音樂藝術博物館今起免費開放」。他完全不知道自己住的地方什麼時候多了一間博物館，但是卻聽到身旁圍觀的人竊竊私語道：「終於免費了！」甚至還有人說要立刻去參觀。

出於好奇，他跟在了幾個人後面走了一小段路，看見一座非常雄偉的建築物，外觀像是不透明玻璃製成的不規則球體，卻透有金屬光澤，周圍停車場停滿了各式車輛，他走進廣場，停留片刻後便往大廳入口走去。

廳內參觀的人不多，偶爾有解說員在各個廳內穿梭。有古典音樂、現代音樂、流行音樂、珍貴樂器收藏等許多展廳，不同廳內放著不同風格的音樂。中年男子朝著樂器收藏廳走去，看到沿著牆立有幾座石膏人像，每座雕像手裡拿著不同的樂器，而各類名貴的樂器便擺放在石膏像前方。男子發現自己有些感興趣了。

這時，室內音樂停止，之後又出現了鋼琴聲，男子正好奇，突然聽到身後有清脆的崩裂聲。他回頭一看，震驚得愣住了。

石膏人像慢慢復活，變成了真人！

其中一個緩緩向他走來，他突然覺得這個人他應該認識，或在哪裡見過，他想問，卻不知道從何問起。那人朝他輕輕一笑，便越過他，向著發出鋼琴聲的地方走去，中年男子迅速跟上。

繞到後臺的一間雜物室，室內盡頭有一架閃著光芒的鋼琴，不知被誰掀起了蓋子，自動演奏著音樂。那人按下琴板側面的按鈕，音樂停止。接著，那人坐下，流暢地彈出一首中年男子沒有聽過的悅耳曲目，令男子讚嘆不已。

「你是藝術家。」

「我們見過。」

「我們不認識。」

男子問著，卻都用著肯定的句式。那人只回了一句「你怎麼說都可以」，然後便邀請男子彈一曲試試。

男子連連推辭，他不會彈琴。但是卻被那人硬生生地按在椅子上。沒辦法，他嘗試把手指放在琴鍵上，卻忽然感覺眼前浮現出許多音符，手指也蠢蠢欲動。他試著按下琴鍵，接著不知怎麼的，他順利地彈出了剛才那人彈過的曲子。

回頭，那人已不知去向。

「爸爸醒醒！」一個小男孩叫醒了睡在沙發上的中年男子，男孩問：「你說帶我找老師學鋼琴，什麼時候去啊？」

‧心理印象

藝術家一般給人神祕、脫俗、自由不羈的印象，是敢愛敢恨的一群人。夢見陌生的藝術家，通常暗示了做夢者不滿足、不安於現狀的內心，或渴望心靈的釋放。

中年男子拿著已磨損的公事包下班，暗示著每日按部就班的工作比較枯燥乏味，或男子並不滿意他目前的工作和生活狀態。

在夢裡，他以前應該從沒注意過音樂博物館，而那天下班時卻注意到了，說明他想要換種工作形態，或想要調適一下心態，而音樂，應該是他感興趣的。

他感覺到博物館的壯觀，代表了他躍躍欲試和迫不及待的心境，音樂或是舒緩的，或是激昂的，正如古典、現代、流行等各個音樂展示廳的特色，在繽紛的音樂世界裡，總能夠找到你想要的聲音，也說明在內心深處，他選擇用音樂調試自己的方式是十分理想的。

鋼琴聲更像是男子內心的一種傾訴，傾訴的可能是內心的某段經歷、回憶，或是某種心情。石膏像變成的活人，反映出男子希望把內心世界和人分享，或是希望自己能夠得到指引。

他把那個活人當成一名藝術家，其實是他內心希望自己是一個藝術家，他羨慕其彈奏的音樂，反映了他希望自己也能有那樣的才華和浪漫，能夠為他不甚滿足的生活現狀帶來一些改變。

夢中，在藝術家的指引下，他自己彈出了曲子，那麼，如果現實生活中他並不會彈鋼琴，便代表他希望在夢裡彌補不會彈琴的遺憾，順利彈出曲子，則是滿足心理的需要。

或許也是由於生活中他說要帶兒子找老師學鋼琴，這個意識便延續到了夢中。

生活心法

小時候，我們會覺得藝術家是神聖的、神祕的，用十分自我的表達方式，來證明存在的意義，描繪大千世界的光明與黑暗。我們嚮往、崇拜，甚至希望自己也能用同樣的方式表達內心的情緒。如果不能，便心存遺憾。

其實，不必遺憾，生活讓我們多愁善感，但我們總會把自己的一些愛好或特長當做生活的潤滑劑，培養一種樂趣來愉悅身心。生活處處有藝術，它離我們並不遠，一次簡單的旅行，一場隨意的交談，一部耐人尋味的電影，都能看見藝術的身影。

對於一個普通人來說，平淡才是真實的。我們可以用一切正當且自由的方式愉悅心靈，坦然地接納生活的平淡與不滿，才能更用心地創造生活。

Chapter 2 行為深處的欲望與恐懼

每天我們隨心而動，高興的時候會手舞足蹈，傷心的時候會泫然淚下，害怕的時候則不寒而慄。有時，或許只是很平淡的，沒有跌宕起伏地過著日子，享受平淡帶給我們的幸福。

但是，生活在忙碌的世界上，尤其是在繁華的大城市中，我們時常深感到自己的渺小，彷彿自己是空氣裡的一粒塵埃，海灘上的一粒沙土。我們生存在一個不起眼的角落，努力奮鬥，想過更滿意的生活。但在這個過程中，我們可能會因目標的不明確而徬徨無助，抑或是無法滿足內心深處的欲望，因而陷入深深的恐懼和自責當中。自然，也可能會抱怨這個社會，甚至產生某些激烈的行為。

的確，情感支配著我們的行為，其中又分為感性的情感和理性的情感。感性是指以主觀意識為主，比如你很不喜歡一個人，但是有一次你們大家在一起商量一件事，這個人提出的意見比較符合事實，但是因為你非常討厭這個人，所以你反駁並拒絕了他的意見。或說，雖然你很不喜歡這個人，但是由於大家都認為他提出的意見很符合實際情況，因為從眾效應，也跟著大家的意見而同意那個人的觀點，沒有表達自己的態度，這就是感性。

相對而言，理性是以客觀事實為主，根據客觀事務的發展和規律來作出決定。還是剛才那個例子，你很討厭那個人，有一次大家在一起討論問題，他提出了一個很好的建議，你也覺得這個意見確實不錯，於是拋開了以往對他的看法，就事論事，採納了他的意見；或者，雖然別人都認為他的觀點很好，但你確實有不同的看法，並且能適當地表達出來，這就是理性。

因此，根據感性和理性的不同，表現出來的行為就會不一樣。而透過我們日常表現出來的行為，也可以反推出內心深處的情感，兩者之間是相輔相成的。於是，心理學上便有了「情感心理學」與「行為心理學」，二者是現代心理學研究中較大的分支，前者以內心情感為主因來研究心理學，而後者相反。

從專業的角度來講，行為心理學是二十世紀初起源於美國的一個心理學流派，它的創建人為美國心理學家華生（John B. Watson）。行為主義觀點認為，心理學不應該研究意識，只需要研究行為。所謂行為，就是有機體用以適應環境變化的各種生理反應的組合。這些反應不外是肌肉收縮和腺體分泌，有的表現在身體外部，有的隱藏在身體內部，強度有大有小。

行為心理學有幾個非常著名的效應。如：羅森塔爾效應（Robert Rosenthal Effect），內容主要是美國著名心理學家羅森塔爾曾做過這樣一個試驗：

他把一群小白鼠隨機地分成兩組：A組和B組，並且告訴A組的飼養員，這一組的老鼠非常聰明；同時又告訴B組的飼養員，他這一組的老鼠智力一般。幾個月後，教授對這兩組的老鼠進行穿越迷宮的測試，發現A組的老鼠竟然真的比B組的老鼠聰明，牠們能夠先走出迷宮並找到食物。於是羅森塔爾教授得到了啟發，想著這種效應能不能也發生在人的身上呢？於是他來到了一所普通中學，在一個班級裡隨意走了一趟，然後就在學生名單上圈了幾個名字，告訴他們的老師，這幾個學生智商很高，很聰明。過了一段時間，教授又來到這所中學，奇蹟又發生了，那幾個被他選出的學生，現在真的成為了班上的佼佼者。

出現這種現象，正是「暗示」的力量在發揮作用。

每個人在生活中都會接受或多或少的心理暗示，這些暗示有的是積極的，有的是消極的。譬如，媽媽是孩子最愛、最信任和最依賴的人，同時也是施加心理暗示的人。如果長期予以消極和不良的心理暗示，就會使孩子的情緒受到影響，嚴重者甚至會影響其心理健康。如果媽媽對孩子寄予厚望、積極肯定，透過期待的眼神、讚許的笑容、激勵的語言來滋潤孩子的心靈，使孩子更加自尊、自愛、自信、自強，那麼，你的期望有多高，孩子未來的成果就會有多大。

對於成年人來說，這種效應仍然適用。如果你是自強不息、樂觀上進的人，或面對社會的複雜多變能夠泰然處之，那麼就能更加熱愛生活、工作和家庭。相反地，如果總是自怨自艾，怨天尤人，或低估自己的實力，每天以悲觀的心態面對這世界，那麼生活將變得索然無趣，而自己也覺得乏味、失落，甚至會有厭世的想法。

再比如我們時常聽說的「南風效應」。南風效應也稱溫暖效應，源於法國作家拉・封丹（**Jean de la Fontaine**）寫過的一則寓言：

北風和南風比威力，看誰能讓行人把身上的大衣脫掉。北風首先吹起一陣寒冷刺骨的狂風，結果行人為了抵禦北風的侵襲，反而把大衣裹得更緊了。南風則徐徐吹動，頓時風和日麗，行人覺得溫暖，於是解開鈕釦，繼而脫掉大衣。這場比賽由南風獲得了勝利。

故事中南風之所以能達到目的，就是因為它順應了人的內在需要。這種因啟發自我反省、滿足自我需要而產生的心理反應，就是「南風效應」。

這個效應告訴我們，要真心傾聽自己的心聲，瞭解自己需要什麼，然後朝著自己需要的方向去努力，以達到令人滿意的結果。即便這個過程是曲折的，可能充滿了挫敗感，也不要感到恐懼，更不應有暴躁的情緒。我們每個人都有欲望，要正視自己的欲望，並且學會控制。

行為，體現著我們的意志和情感。我們做的每一個動作，表現出的每一個表情，都能反映出我們內心的想法，不僅在日常生活中如此，即使在夢裡也是一樣。

01 飛翔的愉悅

・夢裡千尋

藍天白雲，徐徐清風，陽光火辣辣地照在人的臉上，讓人感覺到天空的燥熱。一位學生模樣的女孩一步步踩著樹蔭迅速地向前走著，略帶些焦慮，直到在路的盡頭看見一座公園，心情才慢慢放鬆下來。

邁進公園大門，面前是一片大規模的水上樂園，裡面的人熙熙攘攘，四處玩耍。這時，她身邊不知何時多了幾個玩伴，有的面孔並不熟悉，但她卻絲毫不覺得陌生尷尬。幾個人結伴來到一座巨大的圓形泳池，仔細看，能看到水上冒著熱氣，女孩蹲下用手試了下水溫，是暖的，就像溫泉一樣。泳池中心有兩座螺旋式滑梯，很多人從滑梯上滑下，落入水池，相互嬉戲打鬧，非常熱鬧，令人迫不及待想要加入其中。

女孩和夥伴們一起進入遊戲區，爬上台階來到滑梯高處，依次滑下。女孩在滑梯裡迅速旋轉，在落水前一剎那，她頓時驚慌地發覺自己沒有穿救生衣，她以為自己不會游泳，可是當落入水中的那一刻，她發現自己游得很好。

女孩享受著落水的刺激和暖暖的水溫，心情十分舒暢。水池中，她越游越快，周圍的人對她都不成阻礙。漸漸的，她的身體好像越來越輕，脫離地心引力，慢慢上升。等她反應過來時，已經游上了天。

起初，她仍舊以游泳的姿勢飛在天上，慢慢地，她坐上了雲朵，開始圍繞著水上樂園飛行。地上的人們變得渺小，樂園一覽無遺。

女孩想到別處看看，雲朵好似受到了她的意念控制，開始向遠方飛去。這時陽光也柔和起來，清風緩緩吹著女孩的衣服，長髮也跟著飛舞，整個人十分愜意。她小心翼翼地低下頭，看見寧靜的小巷、繁華的街道，甚至看見自家的樓房。她仍然繼續向前飛，直到看見眼前出現一片草原。

女孩被吸引住了，而雲朵也開始緩緩的在草原上空徘徊，直到她看見草原上多了很多動物，慵懶地躺著。她從雲朵上一躍而下，飛到了動物們身邊，加入牠們的行列，一同享受慵懶的時光……

・心理印象

心理學家認為，夢見飛翔，主要有兩個原因，一是延續了童年的幻想。小時候由於見過鳥類自由地飛翔，或讀過相關的童話故事，心裡存有羨慕，會在成長的過程中反映到夢中。二是心情愉悅的表現，當一個人心情愉快，毫無壓力的時候，輕鬆的心境會帶給人飛翔之感。

樂園是孩子們成長過程中必不可少的遊樂地點，而做夢者身邊突然多了幾個玩伴，驅逐了一開始的焦慮之感，更加有了玩耍的好心情。

這是一種有效利用效應，是做夢者對周圍有利於自己的環境，如晴朗的天氣、玩耍的同伴、溫暖的水溫，以及落水的刺激等有效地利用，用以反映自己愉悅的心情。

而夢見自己游上了天空，則反映自己內心的輕鬆，以及對自己身心的自由釋放。而草原則意味著一片更加廣闊的天地，某種程度上滿足了做夢者對寬廣世界的渴望，也反映了做夢者寬廣的胸襟。

也有一種說法，飛翔代表著成長，飛向草原，暗指成長過程即將迎向更寬廣的遠方，而動物的出現，則暗示做夢者依舊童心未泯，以及對童年的留戀。

生活心法

很多時候，我們需要一顆純真的心，可以讓我們擺脱煩惱的困擾，保持一份輕鬆愉快的心情，內心因此變得平和、寬容、感恩，支撐著我們去相信這世界一切美好的東西。這個時候，我們的身心都是自由的。

我們時常如此嚮往，卻未曾發現要做到這點並不困難。平時多真誠地對待他人，保持一顆善心，體會幫助他人的快樂；或者用心去做每一件小事，比如精心挑選一盞枱燈，完成一次家庭掃除，攻頂一座山峰，聽一則歡樂的小故事，唱一首喜愛的歌曲……細微之處，快樂無處不在，我們唯一要做的，就是用心體會。

不要把責任推給社會，認為社會讓我們變得世故，為了生存，就必須遠離單純。這和選擇輕鬆生活是不同的概念。我們的確必須融入社會，但是以怎樣的心境去融入，是可以自由選擇的。

02 墜落的恐懼

・夢裡千尋

天漸漸暗了下來，烏雲密布，一名女子撐著一把黑傘，但是天空並沒有下雨。她望了望前方的一座山丘，緩緩向上走去。

這裡有一條狹窄的曲徑，偶爾有幾朵白色的野花散落其間，四周杳無人煙。路並不難走，女子一步步向上，走得很慢很慢，卻沒有停下來休息。時而聽到天空有鳥類飛過，她並沒有抬頭；時而聽到身後有什麼動物在竄動，她亦沒有回頭。她的內心並不害怕，也沒什麼特殊的情緒，只是獨自繼續默默走著。

接近山頂時，有一條通往東邊的岔口，女子沒有猶豫，向東走去。這時天色已經完全暗了下來，好像已經到了晚上，或許，已經沒有了時間的概念。

走著走著，女子進入了一片森林，由於天色昏黑，看不見樹的顏色，卻能清楚地看見幾座十字架墳墓突兀地立在四周。女子不禁打了個寒顫。

這時，一名男子從遠處慢慢走近，是女子的新婚丈夫。女子欣喜，想要跑過去投入他的懷抱，男子卻連連後退，用彷彿從遠方傳來的空洞聲音告訴女子，他是死神。

死神問她怎麼找到這個地方？女子不知如何回答，她自己也不清楚。但是內心一直有著十分強烈的情感，她脫口而出，說愛他。

死神說，愛要付出代價。

女子仍說愛他。

死神輕輕搖了搖頭，朝著女子走去，就要走到女子身邊時，地面突然裂開一條大縫，女子整個人往地底掉落。她驚恐地看著男子，對方也現出一絲驚訝的神情，女子掙扎著伸手想胡亂抓著什麼，但是沒有任何的支點，就這麼墜落下去。

女子的身體不斷向下墜落。她感覺到裂縫消失了，周圍陷入無盡的黑暗，她非常害怕，渾身發抖。突然一聲尖叫，女子醒了過來。

・心理印象

夢裡的墜落與現實生活不一定有必然的連繫，但卻表示一種不安的心態。心理學指出，身體的墜落，是內心失去控制的一種反應，抑或代表一種壓力和困惑。

天氣陰暗，其實是一種內心壓抑的心理暗示，但是夢裡女子一直很堅定地按照自己的意志走在一條路上，且沒有受到周圍環境的影響，其實是內心深處對某一線索的追尋，或說她迫切想要一個答案或結果，所以夢裡一直毫不猶豫地前進。

夢裡提到的相關人物是女子的新婚丈夫，說明做夢者內心的困惑源自婚姻，或說她的婚姻生活在某一方面失去了控制。

死神，其文化意涵代表了終止、停滯、損害、可怕，甚至帶有毀滅性質。夢見自己的丈夫成為死神，意味著自己的感情受挫，以及對丈夫的一種畏懼心理和對婚姻的不自信。但夢裡女子起初見到丈夫是欣喜的，說明做夢者並沒有婚姻即是墳墓的想法，她對婚姻依然充滿美好期待。只是丈夫角色的變化，潛意識反映出婚後丈夫的形象，也可能是婚姻本身並非做夢者所期待的樣子。

最後，地面出現裂縫，女子墜落地底，且不斷下墜沒有停止，周圍的黑暗加深了女子的恐懼，說明了做夢者的婚姻已然不受她的控制，或說由於婚姻上發生一些問題，讓做夢者的心理壓力非常大，但或許仍有挽救婚姻的意願，所以更加深了對婚姻破裂的懼怕。

生活心法

有人說，所謂婚姻，就是磕磕絆絆，縫縫補補。雖然這話沒有言明婚姻幸福的部分，卻體現出了一種包容性。沒有人可以一帆風順地過完一生，也沒有滿載甜蜜、毫無痛苦的婚姻。百年修得同船渡，千年修得共枕眠，能夠有幸成為夫妻，便要感謝上蒼賜予的緣分，彼此珍惜。不要因為一點瑣事就喋喋不休，或放任一點誤會擴大成無法填補的黑洞，相互理解、包容、信任、尊重，才是經營幸福家庭的不二法門。

有時可能會想，真的維持不下去了，不如分開吧！但是等真正做出了選擇之後，卻因自己當初輕率的決定而後悔。為了少一些遺憾和後悔，在婚姻生活遇到困惑或覺得問題快要不受控制時，夫妻雙方一定要及時溝通，一同尋找解決問題的方法。

03 乘坐渡輪

・夢裡千尋

一個女孩漫無目的在大街上走著，來到一個十字路口時，瞬間有不祥的預感，覺得印象中這裡發生過什麼事，還沒理清思緒，突然一輛黑色轎車橫衝過來，女孩被撞飛了！

女孩這時才想起來，這個路口出過車禍，自己彷彿遇到過，只是被撞的不是她自己。此時她一直飄著，並未落地，好像自己可以一直飛，但又不是飛，而是下面有氣壓頂著她不至於落地，且身體也沒有感覺到疼痛。

突然聽到街上有叫喊聲，她低下頭一看，發現有很多人在追她，不知道為什麼，而她自己本能地在逃跑，一直朝著一個方向飄去，好像知道哪一條才是應該去的正確道路。

直到看見一個港灣，女孩這才落到地面，憑著腦海中的印象找到了最靠東邊的一艘郵輪，她沒有船票，但工作人員驗票的時候故意漏了她，讓她順利地進入船艙，並跟著船隻一路東行。

在船艙的公共區域，有一間十分豪華的餐廳，裡面擺有各式各樣的自助餐點。她走過去吃了一塊起司蛋糕，並向服務生要了一杯冰水，可是當她拿過水杯時，卻聞到了濃烈的酒味。在服務生的眼神鼓勵下，她稍稍抿了一口，酒熱辣地滑入胸臆，新鮮而刺激。

接著，她繞過餐廳，發現了一間大型的圖書室，有些人在裡面閱讀書和報紙，也有人在電腦前上網或是查閱資料，她靜靜走過去，發現有很多關於旅行的書，她瀏覽著，視線停留在埃及金字塔上。

在她準備翻閱時，有人過來打招呼，並將她帶到船長室，說船長不在，需要她協助有關航線設定的工作。女孩開始和其他工作人員探討著，她覺得自己在說一些不著邊際的話，卻得到了其他船員的肯定。直到一個自稱是船長的人回來，女孩才離開了船長室。

她來到甲板上，吹著海風，望向遠方。起初眼前一片迷霧，除了感覺船一直向前直行，她卻不知道前方是哪兒，船究竟要駛向哪裡。直到過了一陣之後，迷霧漸漸散去，眼前變得豁然開朗。

遠方，逐漸映入眼簾的是一片美麗的海岸，有落日餘暉映照著，五彩斑斕的鳥兒在上空盤旋。女孩不禁放聲大笑，眼睛裡閃著金光。

她希望自己能在這個夢裡多停留一下，不要醒得太早，她還想去那片海岸，看看究竟是怎樣的世界。

・心理印象

心理學認為，當一個人渴望自己的現狀有一些改變，或是需要心情的調適，抑或是當自己對外界有更多的期待時，就會希望有一次旅行。而海上渡輪，一般是從一方去向遙遠的另外一方，往往代表了做夢者內心會受到一次洗禮，或是希望透過努力來實現某個願望，到達成功的彼岸。

夢中，一場有預感的車禍，或說一場有預感的災難，暗示了做夢者現實生活中的困惑或阻礙。如果做夢者的年紀不大，那麼可能代表了她成長上的一些煩惱。

被氣壓頂著飛起來，是因為做夢者自己沒有足夠的自信，所以潛意識希望外界給予自己前進的動力。而逃離別人的追趕，實際上是想要脫離現實或傳統上的一些控制。

登上了郵輪，實際上就是有了一種動力，輪船行駛過程中順利平安，說明了做夢者內心渴望現實的阻礙消失。

夢中提到的餐飲甜品和圖書館，暗示做夢者希望擁有一種安穩且美好的環境，而嘗試烈酒是對新事物的體驗和挑戰。參與船員的工作過程，則是透過他人對自己的肯定來達到一種暗示，證明自己有能力，是聰明能幹的。

夢裡最後出現的美麗海岸，暗示做夢者對成功的渴望，或說是對外面世界的嚮往。對於一個正在成長的青少年來說，他們渴望外面的世界，希望不斷開拓自己的眼界，並且打破一些制式化的思想、傳統的束縛。夢中彼岸那美麗的景象也暗示了成功與光明，反映出做夢者內心積極樂觀的態度。

生活心法

父母在堅持一些教育原則的同時，應給孩子提供一個較為寬鬆有彈性的成長環境，儘量滿足孩子們的求知欲和創造性，而不是按照自己慣有的觀點箝制孩子的思想，阻礙他們的個性發展，以及任何其他成功的可能性。

作為正在成長中的少男少女，應積極樂觀地面對生活，用心挖掘世間美好的事物。不要輕易灰心和沮喪，因為任何一次失敗都是成功的動力。在不斷實踐和探索的過程中，持續豐富歷練，學習更多的知識，並從中思考自己真正喜歡和想要的是什麼。只要努力，任何人都有實現自我的機會。

04 性行為

・夢裡千尋

城市最繁華的街道上，點點霓虹襯著建築物的金碧輝煌，滲透至朦朧的夜色，與寥寥星光柔和呼應著。

女子畢業多年，憑藉自己的才能和不輸男性的氣勢，成為了公司裡人人公認的「白骨精」——白領、骨幹、精英。這次從分公司過來出差，便住在這條街上的一家豪華酒店。她拎著行李進去，一出示證件便享有讓人羨慕的折扣，而這優惠的價格，最終也是由公司支付，她本人不需要花一毛錢。

電梯上到十七層，她走進自己的房間。

她驚訝地發現，窗邊有一個陌生的男子，身著白色西裝，背影看上去很年輕。那人安靜地看了一會兒廣袤的夜空，終於回過頭來。

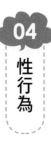

他是女子十分欣賞的一位歌手，擅長搖滾，曲風雖然小眾，卻深得女子喜愛。

歌手慢慢轉過身，緩緩向女子走來，女子像是被魔法吸引住一般，想動卻動彈不得，目不轉睛地盯著眼前的人，只聽見自己怦怦的心跳。

歌手走到她的身邊擁抱了她，她能感受到他堅實的胸膛。男子微笑，溫柔地撫弄她及腰的長髮，撥起劉海，在她的額頭輕輕印上一吻。

女子的臉有些發燙，她感覺到自己的羞澀，內心卻十分享受。

男子領著她走向寬敞的雙人床，她順從地跟上，床上鋪著白色的大型鵝毛墊，手在床上用力一拍，鵝毛便飄了起來，在床的上方盤旋。

視線再次轉移到男子身上時，男子已經赤裸著身軀，這時女子發現自己的身體也是赤裸的，她坦然接受了此時的現狀，收起了方才那份羞澀。接著，兩人雙雙躺到床上，在一片鵝毛飛舞的房間，開始了一夜的歡愉。

第二天醒來時，女子回想夢中斷斷續續的片段，臉頰微微泛紅。

・心理印象

夢見性行為，如果拋開日有所思夜有所夢這種觀念，則有種心理學上的說法，即意味著現實生活裡，人際交往過程中的一種心理反應。而性對象可能是某個認識的人，也可能是十分模糊的對象。

女子夢中的性對象是一位她十分喜愛的搖滾歌手，但這並非意味她對喜愛的歌手產生純粹的性幻想。從心理學角度來說，歌手與搖滾是都是時尚和前衛的代名詞，說明做夢者對於流行性的事物更加關注，並且希望與其有很高的契合度。

而與年輕歌手發生性關係，則是與新時代新思想產生強烈的交流和共鳴，暗示做夢者不是因循守舊的人，且有很強的開拓意識。

夢裡兩人均赤裸身軀，裸露則意味著公開與坦誠。說明做夢者希望擁有坦誠的人際關係，或是一種身心的釋放。而夢裡女子接受了赤裸身軀的現狀，則意味著做夢者在人際交往過程中，態度是坦然而真誠的。

在心理學的色彩研究中，夢裡提到的白色西服和白色的鵝毛墊，代表了沒有界限的平靜情緒。鵝毛飛雪，展現了浪漫的場景，說明做夢者潛意識裡有一種接納的態度，這是一個較為輕鬆的氛圍，暗示做夢者希望在現實的人際交往中，也能夠簡單平靜，遠離複雜。

生活心法

我們應該正確看待所謂「春夢」，即便是現實生活的生理需要反映在夢裡，如果是成年人，也不必覺得羞愧。畢竟夢境反映出自己內心的真實想法，幫助我們分析內心的需求。更何況，很多時候「春夢」是人際交往過程中的一種心理反應，因此，更無須對此耿耿於懷。

有時候，因為需要坦誠地交流，我們渴望別人坦誠相待，想與別人暢快溝通，首先就要學會如何坦誠待人。物理學講力的作用是相互的，你對別人的好與不好，最終都會反饋到自己身上。

另外，雖然我們身處於複雜的人際關係網中，但是仍舊可以保持一顆平靜而愉悅的心，去接納人際交往過程中的各類複雜現象。

生活中也需要一些開拓和創新。尤其是工作了幾年的職場人士，容易產生怠惰心理，可以多參加交誼活動，以促進自己保持積極向上的心態。

05 被綁架

・夢裡千尋

在逐漸恢復意識的時候，男子頭痛欲裂，他竭盡全力地睜開眼睛，眼前卻是一片漆黑。他隨即意識到自己被蒙住了雙眼。另外，嘴裡不知何時被塞了布條，滿嘴的塵土味令人作嘔，雙手被人反扭到背後捆綁著，手臂隱隱作痛。

這是哪裡？我被人綁架了嗎？心裡蔓延著無邊恐懼，漸漸地，恐懼變成了自嘲，他開始嘲笑自己的恐懼。

於是，便開始有了逃出去的想法。

身體仍舊忍不住發抖。他索性閉上眼睛，讓自己慢慢沉靜下來，雖然這有些困難，但是他逐漸發現了周圍的安靜。

是的，很安靜，好像屋子裡除了他並沒有別人，雖然男子還沒有確定這裡是不是一間屋子。

沒有聲音就沒有危險，男子似乎這麼認為，心情也暫時慢慢放鬆了下來。

這時他才感覺到，蒙眼的布似乎也沒有那麼緊。而且，他的雙腿好像是自由的。

男子開始小心翼翼地移動，每動一下，便停下來聽一聽周圍的動靜，確保周圍仍舊安靜無聲，才又開始繼續挪動，直到他碰到了一根不太粗的棍子，摸起來有些涼，像是金屬製的。他用雙腳衡量了一下，發現棍子不是很長，便小心地握在手裡，然後繼續屏住呼吸聆聽，確保周圍沒有別人後，隨即開始用棍子抵住後腦勺打了結的蒙眼布，儘量往上頂著，過程中似乎不小心劃破了頭皮，疼痛讓他忍不住「嘶」了一聲，但同時，原本就綁得不緊的蒙眼布從頭頂被推了出去。

他終於看清了周圍的環境。

這裡好像是一間小倉庫，不大，周圍沒有光亮，但可以從牆上的小窗看到外面的天空，仍舊是白天，因此倉庫並不是很暗。另外，倉庫裡除了他就是一些橫七豎八的工具，並沒有其他人。

手臂已經快麻木了，他慢慢挪到牆邊，倚靠著牆和自由的雙腿大膽起身。這時他看到一個工具箱裡有鋸刀，他快速移步過去，由於雙腳還有點僵，他略微踉蹌了一下。

不知過了多久，伴著一身緊張的汗，男子終於鋸斷了捆綁自己的繩子。他簡單活動一下自己疼痛的手臂和手腕，便開始尋找出口。

意外地發現門沒有上鎖，只要一推便可以出去。

男子有些害怕，不知道是誰把他綁架到這個地方，不知道為什麼一直沒人出現，而門外又會是怎樣的情形，他不敢立刻推開門，而是先耐住性子等待。

等外面天色漸漸暗了下來，門外依舊沒有任何聲音，他納悶，小心地將門推開一條細縫，突然有風呼嘯而過，將門徹底吹開，男子嚇了一跳，他發現，外面是個他意想不到的世界——踏出倉庫門，便是一處懸崖……

·心理印象

夢見被綁架是一種比較常見的心理暗示。一般來講，做這類夢的人大多對自己的現實生活、工作或家庭不滿意，感覺自己被生活所困，而逃脫的過程則表現了解決問題的意願，逃脫的難易程度也代表了困難的程度，最終的結果則代表做夢者面對問題時是採取積極或消極的心理態度。

就心理學而言，當一個人想要逃避去解決一件事情時，潛意識裡就會為自己設置一些障礙，讓自己認為克服障礙、解決問題是困難的。而夢裡，男子被綁架時雙手被綁，眼睛被蒙，嘴也被堵住，便增加了逃脫的困難。不過男子並未選擇逃避，而是希望能夠逃脫出去，則暗示了做夢者想要解決一些問題，脫離現有的困境。

夢裡被綁架的地方由始至終都沒有出現其他人，若不是說明做夢者尚未察覺問題在哪裡，就是暗示了困境源自於自身。

最終男子逃脫成功，出門卻看見一處懸崖，暗示了做夢者陷入一個進退兩難的境地。

生活心法

有些時候，在看待一個問題時，並沒有絕對的對與錯，解決問題的思路也未必只有前進和後退。當一般方式解決不了問題時，我們何不試著換個方向，看看會不會有新的希望。

所以，心態端正才是最重要的，生活無法一帆風順，我們會遇到的問題很多。而解決問題時，不應該受限於自身的思考框架，便認為自己對問題無能為力。學會放輕鬆，有時會有茅塞頓開的感覺。

抑或就耐心等一等。心理學有一種等待效應，即人們對某事的等待過程中，會產生態度、行為等方面的變化。屆時，說不定會產生更積極的想法。

06 殺人

・夢裡千尋

一位老太太從菜市場回來，手上提著一個舊籮筐，把手有些破損，好像一不小心就會斷掉。筐裡只有少量的蔬菜，卻沉甸甸的，老太太提得十分吃力，她雙手抱著籮筐，一瘸一拐地走著。

後面有一個人，一直悄悄地跟著她，但是她並未察覺。

直到走進一道圍欄，裡面是一片老舊社區。每棟樓只有四層，紅色磚瓦裸露在外，每一戶的窗戶都很小，偶爾有人開窗探出頭來，漠然地向下望一眼，然後又縮回頭，將窗緊閉。

老太太將籮筐放下，坐在庭院裡的石階上休息，石階細縫裡長滿了綠油油的苔蘚，她恍若未見。

就在她打算起身回家時，一直跟著她的人突然衝了出來，臉蒙著，看不清長相，那人一腳將籮筐踢翻，手裡拿著一把小刀抵著老太太的側腰，老太太十分驚慌，僵直在原地。

「坐下！」蒙面人呵斥道。

老太太應聲，緩緩原地坐下，坐的過程中她悄悄抬頭，發現周圍一個人也沒有。

「你想要什麼，我有的我都給你，你不要衝動，不要殺我。」老太太儘量用平靜的語調說話，聲音裡卻聽出了顫抖。

「坐下，脫下妳的襪子給我。」蒙面人小聲在老太太的耳畔說著。

「襪子？只要襪子嗎？」老太太疑惑。

「少廢話！」蒙面人有些不耐煩。

無奈中，老太太小心地避開那把小刀，慢慢俯身脫了鞋，只見她腳上穿著一雙藏青色的棉襪，左腳那只還有一小塊顏色相近的補丁，但是看上去很乾淨。她脫下襪子，慢慢遞過去。因為緊張，手心出了很多汗。

蒙面人把老太太的襪子裝在袋子裡，警告她不許報警，然後收起刀，轉身就要走出圍欄。

老太太看著蒙面人的背影，不知為什麼，驚慌和膽怯漸漸變成了憤怒，她不顧被踢翻的籮筐，抓起一把地上的沙土，幾步追上去，叫了那人一聲，那人剛回頭，老太太立刻將手上的沙土撒向那人的眼睛。

蒙面人叫罵著，痛苦地蹲下身子，閉著眼睛，不斷流淚。這時老太太又拾起地面上的石塊砸向那人的頭，鮮血頓時從額角流下，蒙面人被徹底激怒了。他立刻拿出刀子向老太太衝過來，但由於眼睛疼痛且沒有完全睜開，他被凹凸不平的地面絆倒，刀甩到了老太太腳邊。

老太太看見刀便紅了眼，撿起刀，小步走到想要掙扎起身的蒙面人身邊，拿刀用力向他的脖子一劃，蒙面人痛苦地叫了一聲，再次倒地，掙扎了幾次之後，終於躺在那裡，一動不動。

我殺了人嗎……老太太突然恢復了理智，這才意識到自己幹了什麼。

・心理印象

夢見殺人，是一種情緒的發洩。當某人或某件事對自己造成了威脅，人們潛意識裡就會產生一種破壞欲。尤其是現實生活中個性十分溫柔，善於容忍或優柔寡斷的人，潛意識長久積壓的破壞欲就越強，以至於在夢中靠某種極端的方式進行發洩，便可能夢見殺人。

夢中老太太並沒有買很多的菜，然而卻感覺籮筐很重，暗示了現實中做夢者內心有很大的負擔，而這種負擔多半是由於生活方面的原因所導致。

被人跟蹤，則反映了做夢者內心的疑慮和畏懼，或是意識到現實生活中的某些潛在危險，以致自身缺乏安全感。

我們可以發現，夢裡的跟蹤者沒打算對老太太造成太大的傷害，只是強索了她腳上的襪子，老太太並沒有損失財物，或被威脅人身安全。但是潛意識的不安和憤怒則令夢裡的老太太產生了殺人的激烈行為，這其實反映了做夢者想要抓住一些機會發洩自身的情緒，並且在潛意識裡製造了這種機會。

生活心法

當有情緒積壓於心的時候，我們可以透過一些方式將其釋放出來，不過，最好是可靠的、無害的方式。比如，找一個值得信賴的朋友傾訴，聽一些輕鬆舒緩的音樂，看一場熱鬧的比賽等，或者到處走走看看，不僅看風景，也可以去看一些生活在社會底層的人如何為了生存而努力打拚，有一種說法是，在更弱勢的群體面前，你可以找回更多的自信，也更能夠想開一些事情，解開一些心結。

當然，面對那些更加困苦的人，我們絕不是抱著鄙視的態度，而是理解既然必須生存下去，何不積極面對？

所謂「寵辱不驚，看庭前花開花落；去留無意，望天上雲卷雲舒。」生活有苦有樂，我們也無須過分地在意得失。

07 被懲罰

・夢裡千尋

眼前是一個陌生的古代公堂，「威——武——」，隨著雄厚的聲音響起，公堂的大門打開，一個身穿現代衣著的男子被幾個官兵架了進來，待他不情願地跪在地上時，一個戴著古代烏紗帽的官爺從側門健步進來，坐上公堂。

現代衣著的男子抬頭，想要站起來，無奈卻被兩旁的官兵壓下肩膀，他氣沖沖地向官爺質問，他一直都是合法的公民，為什麼要抓他！

只聽官爺說，「有人舉報你謊稱有要事，其實翹班出去玩，並在路上與人打架鬥毆，可有此事？」

男子一愣，急忙否認。

官爺搖了搖頭，示意身旁的助手。接著，助手遞上一支小小的隨身碟，官爺打開隨身碟的蓋子，回過頭將其插進了身後牆壁的一小條細縫裡，頓時，牆上出現了一個螢幕畫面。

男子抬頭，對眼前不可思議的情境感到驚訝。

畫面裡正在打人的那個人，分明就是地上跪著的男子，但是他絲毫不記得有這回事。心裡反覆叨念著「不可能」。在官爺的再次追問中，男子依然否認。

官爺憤怒，把他押進了牢裡。

牢房其實就是一個很普通的房間，四面牆壁，沒有床，也沒有窗，只有一套石刻的桌椅。男子搥了幾下門，沒有回應，他垂頭喪氣地坐在石凳上，不知道自己會被關多久，他不想在這個幽閉的空間裡待著。

不知什麼時候，門開了，進來的是他多年的好友，男子記得他好像是一名律師，便求他趕緊帶自己離開這個鬼地方。好友勸他稍安勿躁，並坐下來靜靜說明情況。

他說男子確實是打了人，但是為什麼男子沒有絲毫印象，這就不得而知了。他表示已經替男子向官爺求情，從輕處罰，不必坐牢，只要去隔壁村莊的木工場砍完所有的柴就可以獲得釋放。

說完，男子還沒有反應過來，就被官兵帶去了木工場。眼前堆積如山的木頭，讓他頭暈眼花。他從來沒有劈過柴，受到這種苦力懲罰，他不知道自己何時才能完成。

在官兵的催促下，他拎起斧頭，擺好木頭，開始慢慢費力地劈了起來。才剛劈開兩根，他就滿頭大汗了。

等劈了差不多十幾根的時候，他已經累癱在地。這時聽見官兵的吼叫，原來不知何時，旁邊又出現一個同樣受罰劈柴的人，那人因為偷懶正被訓斥著，雖被罵的不是自己，但是他卻看到了官兵面向另外那個人的猙獰面孔……

・心理印象

懲罰，往往是為做錯事情付出相應的代價，也是一次將錯誤改正的良好機會。心理學研究指出，夢境是潛意識下自發產生的一種心理活動，而受到懲罰，往往是做夢者想要更正一些偏差，或是做夢者對自身某一方面產生了否定心態，想要給自己一次改過自新的機會。

古代公堂的威武，暗示了問題的嚴肅性，促使做夢者必須正視所面對的問題。而夢裡自己不記得發生過打人的事件，則是一種心理學上正常的自我保護與自我防禦，而現代化的證據則更具有說服力，同時也打破了做夢者的這種自身防禦心理。

牢房只是一個普通的房間，並未有多麼恐怖，則暗示了做夢者潛意識希望自己能夠在一個寬鬆的環境下審視自己，而且有朋友替他求情。以勞動的方式代替坐牢，表示做夢者渴望一個改過的機會，這種機會可能是釋放心靈的，或是一種態度上的轉變，不一定是實質性的某件事情。

劈柴勞動，既是一種發洩，也是一個克服困難的過程。在夢中，做夢者對劈柴是陌生的，在一件陌生的事物上尋找突破口往往也是困難的，因此，正代表了內心的掙扎。最後，做夢者尚未完成勞動就累到了，官兵臉上出現猙獰的表情以及對別人的訓斥，是心理學上的一種暗示效應，這種暗示效應是指在無對抗的條件下，用含蓄、抽象誘導的間接方法對人們的心理和行為產生影響，進而誘導人們按照一定的方式去行動，或接受一定的意見。雖然官兵沒有直接訓斥做夢者，做夢者卻在訓斥聲和猙獰的面孔中感受到了壓力或恐懼，暗示做夢者必須做出一些改變。

生活心法

生活中，我們總會感覺自己做錯了一些事，或是秉持著一種錯誤的思維，有時是明知故犯的。雖然不一定會產生實質性的不良後果，但是總會有一些遺憾、後悔或是不安的情緒，並且希望能夠有機會贖罪。

其實誰都會犯錯，如果是不小心的失誤，大可不必掛在心上，只要用心改過，總結經驗教訓，說不定會成為以後為人處事方面的參考；如果意識到自己的思想有些偏差，就要及時糾正；如果覺得其他人的想法與自己的想法有矛盾，那麼試著去理解別人吧！畢竟人的思想是自由的，允許他人與你不同；如果是犯了原則上的錯誤，那麼只要有心改過，每個人都應該獲得被原諒的機會。

人生一定還會有很多機會，當機會到來的時候，就要緊緊把握。

08 閱讀報紙

・夢裡千尋

早晨，按照以往的習慣，先喝一杯牛奶，匆匆咬了兩口起司麵包，背起書包出門，等不及搭電梯，便從樓梯一路跑到一樓。有幾個人擋在前面，影響了他出門上學，他不禁有些焦急，踮起腳尖，無奈看見最前方是一位坐著輪椅的老人，他不好催促或推擠，只好耐心等待片刻。

眼角餘光瞄向自家的信箱，突然發現報紙的一角露出，他好奇地抽了出來，發現是一份不太常見的報刊，他感覺奇怪，因為最近沒聽家人說有訂閱報紙，難道是送報生送錯了嗎？

來不及思考，輪椅老人終於順利出了樓門，其他人也紛紛跟著出去，他也一樣。

上了捷運，他幸運地找到了座位。剛想拿出書包裡的遊戲機，忽然意識到自己手中還握著剛才的那份報紙，便好奇地翻閱起來。

頭版好像是一則地震消息，他皺了皺眉，不記得這兩天有哪裡發生了地震，而報導裡提到的地名他也沒有聽說過，「難道是外國的某個地方嗎？」他想。可是心裡又在嘀咕，國外的地震消息也可以上頭條，還占用這麼大的版面？

接著，他開始一頁一頁地往後翻閱，都是一些零散的時政要聞，他並不感興趣。就在他想把報紙收起來的時候，抬頭發現，站在他面前的乘客也在讀報，看是經濟類的新聞。兩邊也傳來了翻閱報紙的聲音，坐在他兩旁的人不知何時也拿出報紙看了起來，而且讀得津津有味。

他開始左顧右盼，在並不特別擁擠的捷運車廂裡，不論男女老少，站著或坐下的人，人人都在讀報，有黑白的，有彩色的，每個人都將自己的頭埋在報紙後面，專注地看著，甚至還有人讀出了聲音。

他把報紙塞進書包的手突然頓住了，慢慢地，他又將手上的報紙打開，開始學著其他人的樣子，有模有樣地看起來。

突然間，時政要聞變成了很多考試資訊，甚至還出現了考試重點，他頓時雀躍起來，周圍人以嚴肅的眼神望了他一眼，好像在責怪他破壞了良好的閱讀氣氛。他想下車，卻發現捷運行駛緩慢，還有很長的時間才會到站……

．心理印象

報紙承載著大量人們需求的資訊，象徵著外界對自己的看法和評價。心理學認為，夢見閱讀報紙，意味著做夢者很在意別人對自己的評價，以及十分關注和重視自己的聲望。

夢裡首先出現的是自己熟悉的場景，麵包、牛奶、趕著出門等等，有一種說法是，人們在習慣的事物前會比較適應，不至於因陌生而茫然。因此熟悉的場景暗示了做夢者內心渴望的一種適應和安定。

夢境顯示做夢者起初對於讀報的興趣不大，而當捷運裡其他人也在讀報的時候，他對手中的報紙重新產生了興趣。這意味著做夢者潛意識裡一開始並不太在意外人對自己的看法，或認為別人的看法不是很重要，是自己不感興趣的。但是隨著外界環境的影響和他人給予自身的壓力，使得做夢者越來越關注別人對自己的看法和評價。

而最後出現的考試資訊，則是做夢者所希望的。夢中能夠提供做夢者需要的資訊，暗示了別人對於自己的評價可能源自於自身的學校成績和考試分數，也反映出做夢者課業上的壓力。

此外，夢中還提到了搭乘捷運，且行駛緩慢，則代表了想要適應外界的評價，或減輕學業有關的壓力，還需要很長的一段時間。

生活心法

對學生來說，最重要的就是學業，但是面對繁重課業，還需要保持良好的學習心態。把學習當成一種樂趣，從累積知識的角度來看，學習應該是快樂的。

每個人都有公平競爭的機會，只要破釜沉舟，堅持努力，不論結果怎樣，都能夠減少許多遺憾，所謂不求頂天立地，但求無愧於心，便是如此了。

我們亦不必在意別人的看法。在多樣化的社會裡，並不是考上名校才有成功的出路，生活是豐富多采的，沒有任何規定說我們只能選擇哪一種生活方式。

當然，我們也需要關心一些有用的資訊，那些正確指出我們的優點或不足的人，都應該感謝，並將他們的話牢記在心，截長補短。在今後充分發揮自己的優勢，彌補自身的不足之處，以獲得更大的進步。而對於那些信口開河，評論毫無根據的人，他們的評價自然不必放在心上。

努力學習，虛懷若谷。虛心接受別人的評價，並擁有自己的判斷，這樣在成長過程中，才能體會到更多的樂趣。

09 漫長的等待

・夢裡千尋

初雪的早晨，街道被一層薄薄的積雪籠罩著，陽光稀薄，無法抵禦冬日的寒冷。樹影斑駁，顯得有些蕭瑟。

少年等十字路口的綠燈亮起，迅速穿越馬路，鞋底發出輕微的嘎吱響聲，給蕭條的馬路帶來一絲生氣。

一口氣跑到馬路對面的公車站，少年氣喘吁吁地停下。身旁的休息凳上坐著一位老人，十分安靜，不像少年那樣盯著車行的方向。

公車遲遲不來，少年也不著急，只是感覺到寒冷，不斷來回踱步。他偷偷看了老人幾眼，發現老人仍舊安靜地坐在那裡，十分坦然，好像只想在那裡坐著，並不打算乘車到什麼地方去。

來了一輛公車，不是他要搭的那一班。兩人都沒有上車，便繼續等著。

少年開始細細打量起老人，看久了，覺得老人有些熟悉，像是在哪裡見過，便上前搭話。

少年問老人要去哪裡，老人回答：「在等人。」

「哦，是要接什麼人嗎？」少年問。

老人並沒有回答。

少年心想，「這麼冷的天，一個人在這裡等會不會凍壞身子？怎麼不約好時間，或打個電話聯繫一下？」想到這，少年把自己的手機掏出來，遞給老人，問他需不需要打電話再確認一下時間和車次。

老人搖了搖頭，對著少年微笑，然後目視前方，又繼續等。

要搭的車來了，少年有些擔心地望了老人一眼，便匆匆上了車。

在車上，少年說不清自己要去什麼地方，報的站名都十分陌生，他又確認了一下車號，是正確的，他便耐心地坐下來，每到一站他都確認一下站名，然後又繼續坐向下一站。

公車的路線好像是環形的，而且很長很長，待到太陽已經落山，少年又回到了他上車的地方，再度看見了早晨遇見的那位老人，於是下了車。

他奇怪老人怎麼還沒有等到人，便好心上前詢問。

老人的目光依舊向前，並沒有轉向少年，他說：「快了。」

少年問，「你等了一整天嗎？」

老人回答：「不是，已經很多年了……」

老人回頭望向少年，少年突然感受到，老人的眼睛裡全是少年的影子，好像在說他等待的那個人就是自己……

‧心理印象

漫長的等待，意味著長時間的期待。等某一個轉機的出現，或一個新的方向，抑或一個可以接受的結果。

雪象徵純潔，夢境發生在初雪的早晨，代表了內心的純淨，表示做夢者內心存在積極的嚮往，以及美好的企盼。

心理學研究指出，老人代表著傳統的觀念，也可能是你生活中的長輩或父母在夢中以另外一個陌生的形象出現。夢裡，少年雖然覺得老人是陌生的，但是並沒有忽視、懼怕或逃避，說明其內心對生活或一些傳統的觀念是秉持著接納的態度。

等車，也是意味著在等待一個機會，等車遲遲不來，來的車號不對，意味著不合適的機會，或機會很難得到。而少年在上車之後並沒有明確的目的地，導致最終回到出發地點，暗示了自己缺乏完整的計畫，在未做足準備的情況下，機會只會白白流失。

至於夢裡的老人，他已經等待了很多年，卻仍然能坦然面對，不急不躁，反應了他在等待機會時是有耐心的，很清楚自己想要的是什麼，因此也能夠坦然面對世俗的眼光。而少年最終在老人眼睛裡找到自己的影子，並且少年以為那個老人就是等待自己，暗示了潛意識中希望自己能夠像老人那樣坦然面對生活，然後耐心地期待，哪怕需要很長時間才能實現。

生活心法

每個人都會有很多期盼，也許是兒時的夢想，也許是一次美好的祝願。有些已經實現，有些還沒有。

對於已經實現的，我們自然欣喜，對於沒有實現的，是繼續堅持，還是放棄？

首先，長時間的等待和期望，如果沒有出現好的機會，一定會帶來很大的打擊。這時與其抱著消極的情緒，不如做充足的準備，以便真的出現轉機時，能夠遊刃有餘地面對並接受。

其次，不要太在意別人對自己的評價。相反地，要做真實的自己，知道自己想要的是什麼，並朝著那個方向不斷努力。尤其是年輕人，要摒除浮躁，仰望長空，腳踏實地。

生活不難，只是需要一些耐心。

10 遺失物品

・夢裡千尋

霧濛濛的天空，空氣飄浮著各種肉眼能看的見的懸浮微粒，眼前一片昏天黑地，周圍傳來汽車的鳴笛聲，卻看不清前方的車輛。

一名男子開著自己的黑色商務車，在能見度極差的馬路上緩緩前進著。後座放著他剛買來的幾本書，每本幾乎都是《辭海》的厚度，書的旁邊散落一大一小兩個皮夾和一串鑰匙。

身後又是汽車喇叭的催促聲，男子挑了挑眉，諷刺地揚了一下嘴角，然後，關掉了車內的音樂，打開了行車導航。

導航顯示，距離目的地還有很長一段距離，男子嘆了口氣。「棄車步行吧！」男子腦海閃過這樣一個念頭。但是回頭看了看那幾本厚重的書，又搖搖頭。「不行，太重了。」他想。

男子繼續開車，導航提示右前方有便利商店，男子緩緩將車靠近停下，將車停好，想了想，抱起他的書和皮夾進到店裡，在店員的引領下挑選了兩包口罩，他隨手放下手中的厚書和皮夾，拆開一包拿出一個試戴了一下，大小合適，他對著店裡的鏡子滿意地點點頭，便付了款。

他再次回到車裡，戴上口罩，打開導航，繼續緩慢地開著。行駛了一段距離後，他突然覺得自己很傻，嘀咕著自己為什麼在車裡還帶著口罩，於是便摘下來，往後座扔去。

這時，回頭看向車後座，才發現他的書和他的皮夾都不見了。

他疑惑，剛才在便利店明明鎖好了車子，怎麼會……他猛一踩剎車，下車，打開後座的車門，將身子探進去反覆翻找，可是，書和皮夾就是不見蹤影。這才想到，可能是落在便利商店裡了。

他鎖好車，帶著口罩向剛才的便利店跑去，明明感覺已經到了剛才的地方，卻怎麼都找不到那一家店，他十分焦急，手足無措，卻依然沒有結果。

他開始詢問，但是周圍寥寥無幾的行人中竟然沒有人知道那間店。他十分沮喪。這時他看見有人抱著幾本書經過，他攔住那人，詢問書從哪兒來的，那人不耐煩地回了句「我剛從書店買的」。

他不相信，覺得書就是自己丟掉的那幾本，便與抱書的人爭執起來，最後從爭吵中醒來。

・心理印象

夢見丟失物品，並非暗示做夢者在現實生活中真的會丟失類似的物品。從心理學的角度來說，自己越在意的東西就越害怕失去，在夢裡丟失的東西，往往是現實生活中十分在意，渴望能一直擁有的。或說，這反應做夢者潛意識裡害怕失去自己在意的東西。

夢中，首先出現的是不明朗的天氣，甚至昏天黑地，能見度極低，其實反應了一種內心的阻礙。而刺耳的喇叭聲則反應出內心的焦慮，這種焦慮是源自外界環境，而從心理學方面來說，內心的限制和阻礙，容易加深這種焦慮。

而書象徵著知識，皮夾裡往往裝著金錢，即代表財富，做夢者在一輛商務車裡，代表了一定的地位。淵博的知識和豐富的財富，正是一種地位的象徵。由此可見，潛意識裡，做夢者對金錢、知識及地位是十分在意和渴求的。因此夢裡做夢者在去便利店的時候，也要把書和皮夾隨身攜帶。

越在意的東西便越怕失去，這其實是一種缺乏安全感的表現。所以當做夢者丟失自己的書和皮夾，卻找不到之前光顧的便利商店時，表現出一種因東西丟失而產生的焦慮和不安全感。最後和別人爭吵，則是一種擔心的表現，擔心別人搶走了他所擁有的知識與財富。

生活心法

任何限制與不安往往都源於自己的內心。我們總是在意身外之物，身分、財富、地位，都是我們狂熱追求的東西，反而會忘記生活中最簡單的快樂。我們要為自己而活，而不應該被生活所累。

心理上講，越在乎，越卑微。太過在意一件事物，害怕失去，正是對自己缺乏自信，甚至是自卑的表現。如果能夠坦然面對得失，才能真正享受生活中經歷的每一種過程。

而過程本身，也是一筆獨有的財富。

Chapter 3

色彩世界裡的斑斕情緒

每個人都有自己喜歡和討厭的顏色，並有自己獨特的理由。比如，有人因為喜愛晴朗的天空而愛上了藍色，因為害怕無盡的黑暗而討厭黑色。而有人卻正好相反，認為黑色是沉穩莊重的，而藍色是憂鬱的。又如，有人喜愛白色的純潔，有人可能因為從小經歷過喪事，而因此討厭白色，或單純因為白色不耐髒，而不喜歡穿白色系的衣服等等。

在色彩世界裡，醞釀著數不盡的斑斕情緒。對色彩心理學的研究是心理學當中十分重要的學科，在自然欣賞、社會活動方面，色彩在客觀上是對人們的一種刺激和象徵；在主觀上又是一種反應與行為。色彩心理學從視覺開始，擴及知覺、感情到記憶、思想、意志等，其反應與變化是極為複雜的。

色彩心理是客觀世界的主觀反映。不同波長的光作用於人的視覺器官而產生色感時，必然導致人產生某種帶有情感的心理活動。事實上，色彩生理和色彩心理的過程是同時交叉進行的，二者既相互聯繫，又相互制約。有一定的生理變化，就會產生一定的心理活動；有一定的心理活動，也會產生一定的生理變化。比如，紅色能使人在生理上脈搏加快、血壓升高，心理上具有溫暖的感覺，但是長時間接觸紅色，受到紅色的刺激，又可使人們變得煩躁不安。

平時我們講究色彩上的搭配，而色彩心理學中也有對混合色彩的研究。例如：當看到橙色時，會感到它是紅與黃的混合，看到紫色時，會感到是藍與紅的混合等。但看到黃光時，卻不會感到黃光可以由紅光和綠光混合而成。在心理顏色視覺上有些色彩「好像」不能由其他顏色混合出來。一般人覺得，顏色有紅中帶黃的橙，綠中帶藍的青綠，綠中帶黃的草綠，但是，卻沒有黃中帶藍或紅中帶綠的顏色。

因此，在心理上把色彩分為紅、黃、綠、藍四種，並稱為四原色。另外加上白色和黑色，並稱為心理顏色視覺上的六種基本感覺。一般來說，這六種顏色代表著如下的意義：

紅色代表樂觀與熱情，但同時也暗示著較大的情緒波動；黃色代表明朗和愉快，也反映出了強烈的占有欲；綠色代表青春、柔和與安逸，同時暗示著祥和、穩定和拒絕改變；藍色代表著寧靜、空靈、思想的深邃，以及情感的脆弱；而黑色和白色更多的是內心的感覺色彩，人們不認為這兩個顏色是由其他顏色混合而成的，因此代表著純粹的情感心理。一般來說，白色純潔而樸素，透出一種神聖之感；黑色沉穩、肅穆，透露出一種恐懼心理。至於其他顏色，屬於不同主色的衍生範疇，當然，代表的意義也不盡相同，我們可以在後面的分析中深入瞭解。

人們喜歡不同的顏色可能有以下幾個原因：

一是年齡。人隨著年齡上的變化，生理結構也發生變化，色彩所產生的心理影響隨之有別。有人做過統計：兒童大多喜愛極鮮豔的顏色。隨著年齡的增長，人們的色彩喜好逐漸往複色過渡，向黑色靠近。也就是說，年齡越近成熟，所喜愛色彩越傾向成熟。這是因為兒童剛進入這個大千世界，腦子思維一片空白，需要簡單的、新鮮的、強烈刺激的色彩，他們神經細胞生長得快，補充得快，對一切都感到新鮮。隨著年齡增長，閱歷也增長，腦神經記憶庫已經被其他刺激占去了許多，色彩感覺相應就成熟、柔和些。

二是性別。一般來講，男生喜歡簡單大器的顏色，如黑、白、灰、黃，成熟而穩重。女生則喜歡各種鮮豔的色彩，內心也更加色彩斑斕一些。

三是職業。體力勞動者喜愛鮮豔色彩，腦力勞動者喜愛調和色彩；農牧區喜愛極鮮豔的，呈補色關係的色彩；知識份子則喜愛複色、淡雅色、黑色等較成熟的色彩。

四是情緒的變化。很多時候，我們對色彩的喜歡是不固定的，這主要是受情緒的控制。例如，很多人心情愉悅甚至是興奮狀態的時候喜歡明快的紅色和黃色，平穩安靜的時候喜歡綠色和淡藍，內心猶豫的時候偏好深藍和灰色。到一個古老的城市，可能又會愛上城市的色彩，比如你去了山西平遙古城，可能會愛上古老的磚瓦的顏色；在台東池上，你可能會愛上草地和油菜花的顏色，在浪漫的愛琴海，你又會喜歡藍色和白色的組合。每一個時刻，每一處地方，因為心境的變化，我們可能會愛上不同的顏色。而這些顏色，往往也代表了當時的心情。

有時候，當我們對某一顏色的印象極為深刻，或是心底的某中情緒氾濫，代表那個情緒的顏色會充斥腦海，甚至會在我們的夢中出現。我們對夢中的具體內容可能記得並不真切，但是色彩的畫面卻能長久烙印在心裡。其實，夢中的色彩，便是潛意識裡情緒的反映，而且這種反映一定是強烈的。

01 黑色的環境

・夢裡千尋

一個揹著吉他的少年，一身酷酷的黑色龐克打扮。他走出捷運站，在一條安靜的馬路上靜靜前進，偶爾看一看天空，是很深、很暗的顏色，當時，已經是黑夜了。

路過一座公園，他停住了腳步。思忖片刻，他走到門口，看見裡面有散步的老人，因為周圍太黑，看不清楚人們的樣子。他好奇地想走進去，售票員叫住他，提醒他要買票。

他含笑抱歉，補了一張票，路燈下，他發現票面是黑色的。

待進入公園，發現眼前有一條筆直的道路，不寬，卻望不到盡頭。兩旁有叫不出名字的樹木，在燈光的映襯下，發現樹葉是黑色的，樹枝和樹幹也是黑色的。

他突然覺得周圍有些幽暗，眼前不時出現岔路，但是他依舊小心翼翼地筆直向前走，沒有意願轉彎或停留，直到聽到了若隱若現的音樂。

時而憂鬱時而歡快的音樂，他覺得很熟悉，卻記不得是什麼曲子，他突然覺得煩躁，卻又在不知所措的片刻停留裡，試著讓自己安靜下來。然後，慢慢地，朝著音樂的方向走去。

不一會兒，他發現了一個廣場，記憶告訴他，這是他熟悉的中央廣場，只是不清楚這廣場為什麼會出現在這裡。廣場的燈光很亮，有很多中年人圍成一圈，他們都穿著統一的黑色服裝，躍躍欲試地想要跳舞。

隨著中間一位舞蹈家模樣的女子引領，人們開始慢慢地舞動身體，圍著圓圈跳起舞來，看得少年蠢蠢欲動。

終於，他按捺不住自己，拿出他的黑色吉他幫耳邊的音樂和聲，人們越發盡情地跳了起來，他們時而結伴牽著手繞圈，時而分開跳起西方的牛仔舞，時而兩兩成雙，跳著社交舞，而這期間，男孩根據他們的舞蹈不斷應和著。

他彈著彈著，發現銀色的琴弦漸漸變成了黑色，且黑色正不斷加深。但是男孩沒有絲毫的詫異，而是一心一意地融入音樂當中。

突然，音樂越來越激烈，他撥弦的力度也越來越大，漸漸地，感覺周圍的黑色都隨著音樂境聚在一起，形成一個巨大的漩渦，眼前的人們一個個被捲入漩渦，少年也越來越控制不住自己的身體，被漩渦吸引，終究被一股力量帶了進去，不知道將去往何處。

▪心理印象

從色彩心理學的角度來講，黑色，有嚴肅、低調、沉穩、逃避、孤獨等含義。而就這個夢境來說，更體現出一種對未來忐忑的探究，以及因內心的不確定而產生的逃離情緒。

夢中，周遭的環境幾乎都呈現黑色，除了照明的燈光，票根、服裝、樹木，甚至是琴弦，都呈現出夢者內心的一種壓迫感，以及因此產生的負面情緒。

如果做夢者不是夢裡那個揹著吉他、喜愛音樂的少年，那很可能就是正在成長中、擁有夢想的學子，或許是因為課業繁重，父母的要求過高，導致自身壓力較大。

夢中，少年看到公園裡有老人在散步，便想跟進去看看，一方面體現出自身的孤獨感，而另一方面，可能是因為老人對待孩子總是寬容的，少年跟過去，潛意識是為了尋找一些心理安慰，或是貪圖輕鬆一點的環境。

日常生活中面對選擇的時候，人們總是心理暗示自己要謹慎思考，而在夢裡，少年在岔路口依舊小心翼翼地筆直向前走，說明忐忑或迷茫已經代替了理性的思考。

心理學認為，音樂是靈動的，可以牽引和扭轉一個人的思緒，有撫慰的作用。夢中少年受到音樂的指引，然後看到跳舞的人們，他也跟著一起跳，是內心渴望一種釋放。但是人們的衣服是黑色的，也是一種提醒，讓少年無法完全忽視黑色環境帶來的壓力。

果然，夢中最後，琴弦變為黑色，音樂越發激烈，所有人連同他一起被捲進了漩渦，不知去向何處。其實心理學認為，色彩是有重量的，而黑色是最為厚重的一種，給人的感覺也比較沉重。因此，黑色的琴弦配上激烈的音樂，是沉重的壓力積壓太久而爆發，漩渦則是一種有毀滅意義的負面影響，象徵一種逃避和自暴自棄的行為。

生活心法

因為年少，我們對世界的渴望更多。當夢想偏離軌道，或是因外在環境而遭受阻礙，我們便心灰意冷。殊不知，由於我們經歷尚淺，不知世間仍有更痛苦的事情，我們現在所遇到的，不過冰山一角。

其實，這些都是可以調節的情緒，可以解決的問題，我們不必忽略自己的真實感受，但也不必過分放大痛苦。

當然，這不怪我們。青春有青春的歡樂，就一定有青春的苦惱，大人們覺得沒什麼大不了的事情，或許就是我們過不去的坎坷。但是一定會有這樣一個過程，引領我們成長。

所以，還是要保持樂觀的心態。達成夢想的方式有很多，自己琢磨不定的時候，可以請教家長、老師、朋友。我們永遠不孤獨，只要願意，能得到幫助的管道有很多。不要覺得沒人懂自己，有這種想法的人，一定是自己把自己束縛起來了。

嘗試敞開心扉，其實一點也不難。

02 白色的鳥

・夢裡千尋

鬧鐘在響，幾秒鐘後，「啪」的一聲，有東西重重掉在地上，鬧鐘也停止了鈴響。床上的人翻了個身，剛要把伸在外面的手臂重新縮進棉被，便被人一把拎了起來。

女生有些不耐煩地揉了揉惺忪睡眼，耳邊卻傳來清脆的催促聲：「快點快點！說好要一起看日出，晚了就來不及了！」

女生定了定神，聽到「日出」兩字，一下子清醒過來，猛拍了一下腦門，對自己帶點責備似地碎念了一通，趕緊爬出被窩，胡亂套上衣服，跟上朋友的腳步衝出了門。

天色還很暗，風也很涼，女生拉緊了衣領，馬路上有很多練習滑板的青年，且滑板都是統一的白色系，帶有銀光，顯得格外顯眼。女生覺得很驚喜，想要湊近去看他們的練習，卻見他們集體踏上滑板，迅速地向一個路口滑去，眨眼便消失在轉角。這時，女生的朋友又叨念她幾句，拉著有些恍神的她，快步向海邊走去。

沒多久便看見一片海灘，海灘上有幾個小朋友在玩耍，附近卻看不到他們的家人。遠處的堤壩還隱隱閃著燈光。隨著天邊漸漸泛白，燈光顯得越來越黯淡。

可是天邊的朝霞遲遲不見，太陽未現蹤影。女生和朋友們等得有些著急，分別拿出手機查看天氣預報，確定是個晴天，還有清楚的日出時間表。

再等等吧，女生心裡想著，索性坐在海灘上，玩起了身邊的貝殼。

忽然間，聽到孩子們驚訝的叫聲，女生順著聲音看過去，立刻丟掉手中的貝殼，驚奇地站了起來。

彷彿是在海的另一端，飛過來一個人，看身形，是個男子，只一會兒，便飛到了她們所在的這片沙灘上，只見那人身穿白色西服，向著女生緩步走來。女生睜大眼睛詫異地望著男子，聽見身旁朋友的尖叫聲。

男子在距離女生一公尺處停下，他行了一個紳士禮，然後舉起右手，衝著女生打了一個響指，瞬間，男子身後飛出了許多隻白色的鳥，如同白鴿一樣大小，卻有著很長的翅膀，牠們在沙灘上空盤旋，形成一個大圓圈，引人注目。

女生十分激動，她跟著鳥兒奔跑、轉圈，爽朗的笑聲吸引著鳥兒一隻隻飛向她，最終圍繞在她的身邊。

她想起那名男子，鳥兒們卻擋住了她的視線，於是她嘗試朝男子的方向走著，待到她感覺男子也主動走向自己時，突然醒了過來。

．心理印象

白色，從心理學研究指出，代表純潔、神聖與信任。而飛舞的白鴿增加了活躍的成分，體現出純真。白色飛翔的鳥，一般代表自由和愉悅的心情。

做夢者在夢中先是被鬧鐘吵醒。鬧鐘具有警醒的作用，心理暗示著一種時間上的重要意義。加上朋友的催促，代表了雙重警示，說明潛意識裡做夢者很在乎清早的時光，尤其又提到了日出。所謂一日之計在於晨，早晨就如同人生的年輕階段，是不容揮霍的。這也代表了一份信念。

夢見滑板類的運動，並不劇烈或刺激，運動能夠釋放壓力，證明做夢者的內心處於輕鬆狀態。而夢見馬路上的滑板練習者，也是一種青春活力的表現。白色系的滑板使這種青春更顯純粹。做夢者內心是很朝氣蓬勃的，因此在夢中，會注意到這些滑板青年。

海與海灘一般都是廣袤無際的。有一種說法是，如果人夢見站在海灘上，代表著一種壓力，但也有一種說法是代表著希望。而做夢者夢見了海灘上有小朋友在玩耍，且沒有家人陪伴，則展現出無憂無慮的一面。因此，夢裡出現的海灘，更傾向於後者的說法。

日出本身也代表著積極向上的希望。雖然未真的看到日出，夢中的女生仍沒有放棄，在轉移注意力的過程中繼續等待，並且真心相信會是個晴天。說明做夢者性格中有「理性的自信」

的一面。

一名身穿白色西服的男子代替日出從天而降，在一定程度上是安全感的象徵，潛意識裡給做夢者一種安定的作用，以減少未見日出的失落感。心理學認為，人在對自己不利的情緒裡會產生一種自我保護意識，而夢中的男子就是足以安慰做夢者的化身。

白色的鳥飛翔，並擁有很長的翅膀，代表著自由的思想和精神上的力量。夢者心中有著不被約束的渴望。

她跟著鳥兒奔跑和歌唱，代表了愉悅的心境。最終鳥兒圍繞在她身旁，說明女生希望自己成為焦點，這也是一種自信的表現。而最終做夢者在男子向自己走來時清醒，則說明男子對於做夢者來說，始終是一個陌生人，或許會存在一些防備心理，也或許表示當內心態度夠積極時，外界給予的安全感便不是那麼重要了。

生活心法

一天又一天，我們在其中過著重複的日子，但是如果仔細觀察，會發現每天都有很多新奇的東西不斷吸引我們。當然也有瑣碎和煩躁，但是只要願意，快樂的成分也可以長久留在身邊。

因此要心存希望，並且在失望的時候，找到合適的方式轉移自己的注意力，及時調適心情。同時，要相信自己。

保持潔白純淨的內心。隨著年紀成長，這可能有些困難，但是至少要保留內心一塊純淨的區域，能夠不斷提醒要善待自己和身邊的人，平靜而淡然，促使自己在以積極心態不斷打拚的同時，又能在社會的洪流中隨遇而安。

如此，便會發現生活平靜而美好，我們還可以為自己做很多很棒的事。

03 蓊鬱的綠色植物

・夢裡千尋

午後，寬敞的客廳，一派原木式設計，最南端是大面積的落地窗，窗簾是半透明的輕紗，陽光逕自灑落，在地板投射一片淡淡的光影。

她慵懶地起身，端起身旁的一杯果汁，緩緩地從樓上走下來，又在臺階上停駐，視線朝向那片被窗簾虛掩住的窗子，似乎正在想著什麼。隔了幾秒鐘，又繼續向下走，喝了兩口果汁，將杯子放在茶几上。

她伸出纖細的手拉開窗簾，陽光變得有些刺眼，她下意識閉上眼睛，撇開頭，卻看見牆角有幾棵小小的樹苗。於是好奇地走過去，蹲下來湊近看著，腦海中卻很多疑問，不知這些樹苗從何而來。

仔細看去，樹根處有些嫩綠的新芽，似乎左右搖擺著。她猶豫了一下，終於忍不住伸手摸了摸新芽，它們卻像含羞草般突然縮到了地下，她驚訝地收回手，又見新芽重新鑽了出來。

窗外下起了太陽雨，這讓她想到了什麼。她起身回到客廳，拿起花灑再次來到窗邊，開始為樹苗和嫩芽澆水。

接下來發生了令人驚奇的事。當水澆灌在這一小片植物上後，樹苗的枝幹開始變粗，向上生長，並長出了蔥綠的闊葉，樹根處的嫩芽也開始生長，環繞著樹幹幾圈，便向牆上爬去，樣子像是藤本植物爬牆虎。它們垂直在牆面上攀援著，直到房子頂棚，葉尖則朝下，十分茂盛。

她異常欣喜，興奮又小心地續澆了兩次水，只見樹木上的葉子越發茂密，而爬牆虎則越發蓊鬱，形成了渾然天成的綠牆。

隨手放了舒緩的音樂，她取出相機，仔細尋找她喜愛的角度，將這突如其來的蔥鬱植物拍攝下來。

她再度輕輕撫摸那粗壯的樹幹，以及那爬牆虎的葉子，而這些植物像是感受到她的喜愛一般，變得更加柔美。

最後，她把自己的原木搖椅搬了過來，放置在一片綠意中間，靜靜地坐在搖椅上，感受著綠色的清新與自然。

多麼美好的日子，她想。

搖椅搖啊搖，她閉著眼睛，又漸漸睡去。等再次醒來，她發現，原來一切只是一場夢境。

・心理印象

綠色，心理學的解釋是治癒與精神上的愉悅。綠色又是植物的顏色，代表生命。而蔥鬱的綠色植物則象徵一種萬物復甦、生機勃勃的景象，也代表了內心的茁壯成長。

原木式的家具最接近自然，而夢中寬敞的客廳和落地窗，陽光透過窗簾灑進來，顯示出了非常舒服的室內環境。這讓人不難想到一種「星巴克女人」的說法，品嚐濃郁的咖啡，過著愜意的生活，享受閒適的樂趣，並十分滿足。夢中雖然沒有濃郁的咖啡，但是卻有果汁代替，況且時間是慵懶的午後，更體現出做夢者內心的悠閒和身心的放鬆。也或許這是一種心靈的追求與盼望，或許是做夢者現實生活中原本就存在的一種生活狀態。

牆角出現了不知從何而來的樹苗與嫩綠的新芽，代表了希望，新生的生命。如果做夢者內心有新的工作和生活方向，或是對於一件事情有了決定，那麼夢裡的樹苗和新芽則代表了一個美好的、很有生命力的開端。

做夢者給樹苗澆水，然後看到它們迅速地生長，變得蔥鬱茂盛，則暗示內心強大的動力。如果做夢者之前被一些事情所壓制，則代表了能量的釋放，以及精神上的治癒和灑脫。還有一種觀點，心理學認為一棵樹就是一個人內心生活的原始結構。夢中的樹幹粗壯，也代表了做夢者柔中帶韌的性格和強壯的生命力。

做夢者夢見爬牆虎的時候是愉悅的，在陽光的照射下，滿牆的植物可以吸收一部分光芒，形成陰陽調和的平和氣象，潛意識代表做夢者正處於一種平和的心態。撫摸植物的動作及坐在搖椅上休息的場景也是同樣的表現。在內心深處，做夢者想追求一種花開花落、雲卷雲舒的心境。

如果現實生活中做夢者有一些生活和工作上的壓力，那麼潛意識裡對舒適愜意的生活的期盼，便在夢裡完整展現了出來。

生活心法

生活越忙碌，我們越需要愜意的環境和閒適的心情。有時候我們會很急躁，但卻忽略了端正心態才是成功的關鍵。

有時生活會遇到瓶頸，這時，故步自封會讓我們停止不前。此時我們需要的是突破自我和創新。這不是老生常談，而是我們切實所需要的。比如當直走一條路撞到了牆，我們不必非得處心積慮地跨過去，不妨嘗試轉個彎，雖然看似繞遠路，說不定最後卻能先到達終點。而且在繞路的過程中，也許還會產生新的想法，發現適合自己的新生活方式。就像夢中的樹苗和嫩芽，可能是我們不經意間發現的，卻有著十分頑強的生命力，且在成長的過程中，可以帶給我們身心的愉悦。

也可以來一趟說走就走的旅行，這與年齡無關，也未必需要太多的時間。比如在週末，只是去離自己的城市較近的地方待個兩天，不必刻意安排什麼行程，走累了就休息，享受一下休閒的時光，就可以帶給我們更多前進的動力，至少，能夠多一份美好的回憶。而快樂的事情，總是更值得人們惦記。

不如立刻行動吧！

04 橙紅色的夕陽

‧夢裡千尋

鄉間，一片金色的麥田，麥子隨風搖曳，形成了層層麥浪。一位看似年餘花甲的老農夫直了直腰，順勢摘下了有些破舊的遮陽草帽，在麥田中露出古銅色的臉龐。

他向自己的正前方望去，連接這一片麥田的，是大面積的向日葵，此時它們正扭動枝幹，迎著太陽興奮地開著花，暖風一吹，向日葵也跟著麥浪一起擺動著，使得這片田園充滿了動感。

農夫笑了笑，眼角的皺紋自然加深。他拿起搭在脖子上的毛巾擦了擦額頭上的汗水，暗藍色的舊布衫已經濕透，與金燦燦的田野色調相衝突，又稍顯格格不入，但農夫並不介意，他解開領口的一顆釦子，抬起手腕看了看錶，便放下手中的工具，開始靜靜地看向頭頂的天空。

「時間差不多了。」他低聲念著。

農夫悠閒地哼起了小曲，夾雜著些混雜的鄉音。大概一首歌的時間後，太陽漸漸落下，天邊呈現出廣闊的橙紅，朵朵白雲一同被燒紅。

不似朝陽的溫和或正午的濃烈，傍晚的落日餘暉顯得安靜而綿長，又似乎是一種堅定的光芒，有著渾厚的力量，照在這一片田野上，麥子和向日葵都閃爍著耀眼的金光。

農夫的笑容加深，他閉著眼睛，張開雙臂擁抱這片橙色的天空，然後安靜地默念著一個個數字，幾秒鐘之後，他緩緩睜開眼睛，陽光慢慢變得柔和，他的內心卻越來越溫熱。

直到太陽完全落下，天邊仍舊沒有絲毫褪色，雲彩漸漸呈現淡黃，有的變成暗紅，但整體看起來依然層次分明，絢爛而不單調，一大片廣闊的橙紅。

農夫心中像是被什麼東西填滿了，他自己也不清楚，但是卻有心滿意足之感。他又看了看眼前的麥田和大面積的向日葵，而後低下頭拿起自己的農具，卻在俯身時發現，自己身上的暗藍色舊布衫，不知什麼時候，變成了嶄新的橙紅色。

「哈哈哈！」農夫暢快地大笑起來。

感覺好像有誰在推著自己，他懵懵懂懂地掙開雙眼。映入眼簾的是他的妻子。「做什麼美夢呢！都笑出聲來了。趕緊收拾東西回家吃午飯了！」妻子話語裡有些嗔怒的語氣，但是表情卻是帶著微笑著的。

他這才想起，自己是累了，想在家附近的樹蔭下休息一會兒，沒想到竟然睡著了，還做了這麼美好的夢。

·心理印象

夢中出現大面積的橙紅、黃、金色等暖調色系，色彩鮮明，給人光明和溫暖的感覺。橙紅，從心理學的角度來講，象徵著光明與溫暖，亮麗與衝動，它的刺激作用雖然沒有紅色大，但是注目度卻很高，既有紅色的熱情，又有黃色光明及活潑的特質，讓人聯想到充沛的精力。

做夢者在現實生活中未必是個農夫，卻在夢中以農夫的形象出現，如果不是想轉變一種身分或責任，就是渴望透過自己的勞動獲取收穫。他首先接觸的是一片金色的麥田，金色與橙色屬同一色系，且比橙色更加耀眼，是大放異彩的顏色，暗示著活躍、光華。而麥田代表著收成，如果做夢者有穩定的工作，則暗示工作有了很好的成效，如果做夢者自己做生意，則暗示著生意興隆。也可能生活中還未出現實際性的成效，但潛意識裡代表著一種美好的期待以及強烈的成功欲望。

佛洛依德理論中，將「本我」作為基礎的理論與核心，即一個人的能量是來自本我，並為本我服務。而向日葵是做夢者「本我」的一種體現，向日葵是奔放的，它吸收太陽之光，是光和熱的象徵，暗示了做夢者內心的光明本我，對生活充滿熱情。

夕陽散發出橙紅的光芒，而天邊也出現了火燒雲，代表了好的消息和火紅的前景。雖說夕陽西下，可能是與做夢者的年紀有所呼應，但是，景色的壯麗卻顯現出做夢者壯志不減的心態。

外在環境能夠影響心境的變化，內心的狀態能夠改變周遭的環境。起初做夢者穿的衣服是暗藍色調，與周圍的環境違和，但是夢中最後農夫身上的衣服也變為了嶄新的橙紅色，說明潛意識裡，做夢者希望透過正面能量，從內而外地改變自己，並相信透過自己的努力和勞動所得，可以提升自己各方面的條件。

而且，做夢者的夢話都是在笑，也透露出了幸福和滿足的身心狀態。

生活心法

我們往往既追求物質的富足，又追求精神的愉悅。隨著生活的磨練，有些人會抱怨，物質與精神就像是魚和熊掌，不可兼得。其實不然，我們大可儘管去追求，所謂求高至少可得中，求中至少可得下，求下，那就只會得下。要相信自己的勞動所得，有付出一定會有回報。

其中我們要注意的是，避免無止境的欲望，努力盡自己所能，同時提高我們的滿足感，如此便容易感受到幸福。

平時多穿些適合自己的、能夠提升自身氣質的衣服吧，不論男女老少，衣裝得體便可提升自信，愉悅身心。

多和擁有正能量的朋友交往，保持一份樂觀的心情，讓自己變得開朗大方，但是要避免浮躁。

接觸溫暖的顏色，哪怕只是一個小小的對象，也會讓這天的心情很不一樣。

05

灰色

．夢裡千尋

天空從藍色瞬間泛白，逐漸變成淡灰，最終形成了濃鬱的灰色，連同著密布的烏雲，壓迫著這座年代久遠的小鎮。

灰色的城牆，破敗的灰磚，時而有風沙捲起，塵土飛揚。角落有一塊斷壁，斷壁後面，隱約看見一個拐角。拐角處走來一個人，是個約莫中年的男子，身形瘦弱，有一點佝僂，身穿長版米白色風衣，由於被風沙侵襲的緣故，風衣上有明顯的灰塵。他右手拎著一個不鏽鋼水壺，水壺隨著步伐在左右搖晃，看上去很輕。他低著頭向前走，用另一隻手攏了攏衣領，這時有一陣風沙席捲而來，他閉眼皺著眉頭，縮了縮脖子。

對面，偶爾有形色匆匆的人與他相向而行，人們走得很急，大多也和他一樣，幾乎要把自己的整張臉縮進衣領裡，以避免風沙的侵襲。彼此看來，路上的人們都互不相識，大家各走各的，形單影隻。

中年男子在心底默默嘆了口氣，他勉強抬起頭，天空持續著令人壓抑的灰色，他感覺有些喘不過氣，口乾舌燥。他拿起水壺打開蓋子，仰起頭喝水，卻發現水壺已然空空如也。

男子將水壺舉高，眼睛盯著裡面，有些放空。停留了幾秒之後，他忽而覺得煩躁，這種感覺越來越濃烈，甚至開始充斥著憤怒。

「啪」的一聲，他將水壺狠狠地摔向地面，水壺滾得很遠，在與地面的不斷撞擊中變了形，最終滾到了路邊，沾滿沙塵。

他沒有再看他的水壺，而是十分急切地向前走著。他左顧右盼，希望能找到一家飲品店，或隨便一個賣水的地方，然後買點什麼大口喝下。但是不論他怎麼尋找都找不到，他懷疑是不是因為天色太過陰暗，或揚沙越發兇猛，導致他沒有看清店家，錯過了。忍著急躁的心情，他開始放慢腳步，但最終仍一無所獲。

走到了路的盡頭，他變得絕望，後背靠在牆上，他想再望一眼天空，卻不忍抬頭，慢慢地，整個人貼著牆壁滑下，癱坐在地上，垂下頭。周圍有一些磚瓦碎片，使他顯得越發狼狽。

他的眼神越來越空洞，內心也越來越絕望，他開始害怕，卻不知道在害怕什麼。就在他不知所措時，他發現自己在焦灼的狀態中驚醒過來。一摸床邊，毫無溫度，一片冰涼。

・心理印象

夢中的主色調是灰色，有黑暗、破敗的意象。雖然灰色不如黑色黑得那麼徹底，卻少了黑色的沉穩，反而顯現出了失落和挫敗感。

有一種「灰色心理」的說法。這個詞彙源於美國，主要針對中年人，尤其是男性。人到中年往往出現生活和工作上的瓶頸，同時在生理上也進入了緩慢甚至是衰退時期，並開始感到與現代生活、工作的快節奏脫節，進而產生一種消極頹廢的不良心理狀態，這種狀態被稱為「灰色心理」，也叫做「灰色情緒」。「灰色心理」如果不能及時治療，不但影響工作和生活，還會損害身體健康。

做夢者便是將這種灰色情緒在夢中徹底地顯現了出來。

首先，烏雲壓城，斷壁殘垣，風沙侵襲，這些都代表了一種外在環境的壓力。做夢者在夢中切實感受到了這種壓力，並且有情緒上的不良反應。暗示了做夢者在現實生活中壓力過大。且夢裡人們形色匆匆，形容陌路，暗示了夢者對人情冷暖的無奈，以及一種孤寂之感。從醒過來的現實環境上看，做夢者是孤獨的，他的身旁無人陪伴。

夢裡男子口乾舌燥，面對缺水的情況，直接摔了水壺，實際上是反映了做夢者內心焦躁的情緒，並且感覺到這種情緒是無法抑制和抗拒的，當這種情緒擴大到一定程度時，從心理學角度來看，很容易變成恐懼和對社會產生敏感不安的不良反應。

而從最後夢中「整個人貼著牆壁滑下，癱坐在地上，垂下頭。」的情境，則暗示了做夢者的這種灰色情緒已經非常嚴重，幾乎是到達了絕望和棄世的臨界點。

生活心法

生活中，我們應該清楚地意識到，生命總是由旺盛走向衰老直至死亡。這是無法抗拒的自然規律。因此，我們要以豁達的心態接受人到中年出現的種種變化，避免因生理變化對心理造成衝擊，同時用心規劃生活。人在無所事事的時候常會胡思亂想，所以要適當地安排工作與休閒，避免心理上產生失落感，這樣會使生活更加充實，避免灰色情緒產生。

另外，學會適當地變換環境。一個人在缺乏競爭的環境裡工作容易滋生惰性，不求上進。而進入新的環境，接受具挑戰性的工作、生活，可激發人的潛能與活力，變換環境進而變換心境，使自己始終保持健康向上的心理，避免「灰色心理」的侵蝕。此外，多與年輕人接觸，感受生命的活力，亦可延緩心境衰老。

而如果遇到家庭的變故，逃避只會導致能嚴重的挫敗感。如果可以挽回，那便努力溝通解決問題，如果不可挽回，那便接受現實，努力迎接未來。

06 蔚藍

・夢裡千尋

在一個巨大的球形昆蟲標本博物館裡，人潮擁擠，室內冷氣開得很強，讓人感覺到絲絲涼意。女孩在父親的帶領下，有模有樣地帶著電子講解器，這款講解器似乎是專門針對兒童設計的，透過一段段孩子感興趣的故事來介紹每一種昆蟲，以及各個標本的來歷。

女孩聽得津津有味，但是並不是全都能聽懂。有時候她會問身邊的父親，有時候她只是聽，有時候被有意思的故事逗笑了，就煞有介事地跟著複述一遍給父親聽。

不遠處是蝴蝶標本展館，女孩不認識「蝴蝶」兩個字，卻認得展館上方巨大的藍色蝴蝶圖案。女孩興奮得手舞足蹈，拉著父親就要往展館走去。可惜人群熙熙攘攘在門口聚集著，女孩仰著脖子，只能看見黑鴉鴉的一群陌生人，她一時心急，忘記牽著父親，自己從人群的細縫中擠了進去。

一進門，不知為何，裡面並沒有幾個人。女孩心想，外面的人真笨，竟然被擋在外面進不來，還是自己比較厲害，她得意地笑著。

她開始按照從左到右的順序看著一個個蝴蝶標本，踮起腳尖，剛剛好能看得到牠們的樣子，耳朵裡聽著關於蝴蝶的故事，裡面提到很多國家的名字：美國、印度、巴西……這些她都不知道在哪兒，但是卻反反覆覆看著那些展示台裡的蝴蝶，想要拚命記住牠們的樣子。

就在展示台的最右端，有幾隻非常大的藍色蝴蝶標本深深吸引了女孩的注意，女孩駐足，踮著腳趴在上面，眼睛瞪得又圓又大，小嘴張成了O型，不住的地讚嘆著：「好漂亮！」

奇怪的是，這個展示台的蝴蝶標本是裸露在外面的，沒有玻璃層罩著。女孩欣喜地伸出小手，輕輕觸摸了一下標本。

突然，一隻蝴蝶的翅膀微微動了一下，女孩驚訝地眨了眨眼睛，迅速收回了手，靜靜看著。接著，蝴蝶的翅膀又動了動，並帶動其他蝴蝶的翅膀也搧動了起來。

藍色的蝴蝶成群飛舞，牠們在女孩的頭頂盤旋著，然後向窗外飛去。

女孩叫了聲「蝴蝶！」心急地跟過去，她不知道自己是哪裡來的力量，竟然爬上了窗台，她看見蝴蝶們就在不遠的前方盤旋著飛行，激動地一躍而出，跳出了窗外。

意外地，女孩沒有墜落，而是懸浮在半空，腳下是一片蔚藍色的雲層，煙霧繚繞，如同仙境。

而她眼前，則出現了很多藍色的蝴蝶，飛過之處，便成為了一片蔚藍色。女孩心想，她一定是見到了精靈。

她開始跟隨者蝴蝶奔跑，蝴蝶也圍繞著她，落在她的肩上、衣上、手心上，她開心地笑著，手舞足蹈。

這時，她聽見了父親叫她的聲音，回過頭，發現父親也伴著蝴蝶，向她微笑走來……

時間已經是早上了。女孩還沒有醒，她一隻手臂抱著布娃娃，嘴角掛滿了笑容。

‧心理印象

藍色，在大自然的色系中，是一種看似平淡卻不凡的色彩，這種評價來自於人們對於海與天的定義，海是深邃而大器的，天空同樣悠遠而不可及，因為其通透的特質，於是在世人眼中，簡單的藍色便有了一種高雅而脫俗的氣質。

我們有時候會提到藍調主義，應該是一種藍色情結，這是一種唯美的精神嚮往，一種能把物質與精神融合並將之精緻化的生活主張。

同時，從兒童心理分析得出，藍色是比紫色更夢幻的色彩，而且具有一種空靈的氣質。日常生活中，孩子的想像力非常豐富，加上與生俱來的單純，夢中如果出現藍色，大多純淨而又美好，象徵著純真的童心世界。

動物標本一般都是死的，不動的，夢中出現的標本，原本暗示著死板、死氣沉沉的含義，但是博物館的人群擁擠，聚集人氣，為原本的死寂氛圍增添了許多生氣。但是如果做夢者是個孩童，則展現出對未知世界的一種探索和好奇。夢裡，女孩面對動物標本，感受是新奇的，想要去接近和瞭解，表達了對世界的渴望。

蝴蝶美麗而脆弱，可以代表一個人的心智。夢中，藍色的蝴蝶本就有夢幻之感，之後死而復活，暗示一種重生的力量，一種美好的嚮往。可能在孩子的世界裡，更期盼所有美麗的事物都是靈動、有靈性的。

夢裡的女孩跟著蝴蝶躍出了窗，沒有絲毫的猶豫和畏懼，可見她內心深處十分信任這個世界。而蝴蝶飛過的地方都呈現出一片蔚藍色，且她又置身在藍色的雲層之中，暗示做夢者內心存在一種藍色情結。亦幻亦真，大概正是兒童對這個世界的詮釋。

生活心法

家長應儘可能幫助孩子保持住他們應有的童心，令孩子們擁有豐富多采的童年生活，保有天真的想法、純潔的內心。用愛心去教育他們學會感恩，用積極的心態幫助他們瞭解神祕未知的世界。不要因為過度要求和家長之間盲目的比較，而讓孩子太早承受學習的壓力、生活的煩惱，否則會揠苗助長，得不償失。

普通的成年人，雖然被要求必須成熟而從容地面對這個複雜社會，但同時也應該保持一顆純真的內心。像蔚藍的天空一樣純淨，像深邃的大海一樣沉穩。不必追求太轟轟烈烈的日子，但是要滿足自己的精神追求。而有時候我們想要的，不過是回歸童真而已。

而做為一個孩子，請不要畏懼，有困難時要及時向愛你的父母求助，他們永遠會在你身邊幫助和支援你，而其餘的時間，你儘管用自己喜歡的方式去勇闖這個世界、瞭解這個世界、愛上這個世界吧！

07 絢麗的彩虹

‧夢裡千尋

一個青年男子正在深夜裡爬山，慶幸的是周圍有很多路燈，不需要手電筒就能夠看清前方的路。

周圍有一些成群結隊的陌生團隊，他們像是旅遊者，幾乎人人揹著登山包，手持登山枴杖，不斷地向上爬，和這個青年一樣。

但是人們走到他身邊時，有些詫異地望他一眼，其中一個女子猶豫了一下，向他走近，輕聲問了一句：「需要幫忙嗎？或者，加入我們？」

他禮貌地謝絕了她的好意。他明白為什麼人們會這樣，因為他身上正揹著一個嬰兒。這個嬰兒好像是他的孩子，又好像不是。他也弄不清是怎麼一回事，但是他珍惜這個孩子，一心想要帶著他爬到山頂。

一路繼續向上走著，台階時高時低，他感覺有些累，便停下來短暫休息。不時聽到身邊走過的人叨念這種天氣不會看到彩虹的。但他不知為何有種很強烈的意念，只要儘快爬上去，一定不會讓人失望。

於是，又繼續向上邁著步子，且靠著意志力，越爬越快。這期間，嬰兒也不哭不鬧，他越來越有精神，好像體力也越來越充沛，大步前進著。

前方的路並不陡峭，就在天際開始泛白的時候，他登上了山頂。

青年把嬰兒抱在自己的身前，攏了攏衣服，生怕孩子凍著。嬰兒對著他笑了一下，青年頓時喜笑顏開。

他靜靜等待著。這時天空突然下起了雨，他趕緊抱著嬰兒跑到旁邊的亭子裡，人們看他抱著嬰兒，便照顧著他，讓他站在亭子中間。不過大概只有幾分鐘的時間，雨便停了。

這時，他聽到有人夾雜驚喜的叫嚷聲。他抬頭看向天空，發現了絢麗的彩虹。漸漸地，遠方又出現了第二道、第三道、第四……他細數了一下，竟然有七道彩虹。他抱著嬰兒驚喜地衝出亭子，幾乎站到了山頂的懸崖邊。一隻手護住嬰兒，另一隻手向著彩虹不斷揮舞著。

青年醒來，回想過去幾個月來的日子。他與自己心愛的女子結了婚，並在前幾天聽到了老婆懷孕的消息。他原本還擔心自己能否做一個好爸爸，如今似乎稍微安心了一點。

・心理印象

彩虹因七種不同的顏色而絢麗多采，在心理學中象徵著完美的幸福，彩虹一般在風雨之後出現，也代表了努力打拚之後的收穫，或是歷經痛苦和磨難之後的華麗重生。

日常生活中，爬山既可鍛鍊身體，又能陶冶情操。而夢中爬山，這座山則象徵著一項目標，或是內心背負著一項責任，爬山是向目標不斷前進，或是個履行責任、對抗壓力的過程。夢中的青年深夜爬山，卻能看清夜路的方向，說明做夢者很清楚自己的目標和人生方向。

而夢中出現的嬰兒，不僅是因為現實生活中做夢者快要當爸爸了，此外，嬰兒還帶有計畫和希望的含義。夢中的男子拒絕接受別人的幫助，暗示了做夢者要靠著自己的力量，牢牢把握住手中的希望。夢裡男子要帶著孩子上山頂，潛意識便是企盼擁有光明的前程。

等到了山頂，男子怕孩子受凍而幫其攏妥衣服，暗示做夢者對希望的珍惜，並且擁有很強烈的責任感。

下雨一般會阻擋人們的行程，暗示做夢者可能遇到阻礙，但是雨下的時間並不長，如果不是做夢者自己潛意識不希望下雨，就是內心並不畏懼過程的阻礙。

接著，夢中出現了彩虹，代表了風雨過後的收穫，努力之後的成功，抑或是責任換來的幸福。值得注意的是，彩虹並不是一道，而是七道。在心理學中，「七」是一個神奇的數字，生活中很多東西都和「七」有著十分密切的關係。比如一週有七天，簡譜有七個音符等等，可以代表一次循環，一種規律。而在許多文化中，七也是吉祥的數字。西方哲學裡，七意味著完美。因此，夢中的七道彩虹，預示著希望、勇敢、和幸福。結合做夢者自身，則代表了美好的信念。

生活心法

首先，要在不斷嘗試中尋找自信。我們時常不知道自己是否有足夠的能力去完成一項任務，或接受一個現實，因此會出現忐忑不安的情緒。這時，我們可以一點一點地嘗試，從自己可以駕馭的部分開始。先完成能完成的部分，承擔可以承擔的責任，這樣便能逐步找到自信和自己能夠適應的方式，然後再尋找突破的機會，這時候，忐忑不安的情緒至少有部分會化作動力。

其次，要不斷嚮往幸福。謀事在人，其他的便順其自然。沒有人一輩子都一帆風順，但是我們需要在每一刻都描繪著幸福的藍圖。只有有心追求，才能有得到的可能。另外，多一些責任感。不要總拿自己尚未成熟來當做推託的藉口，這是不負責任的想法，容易讓人產生惰性心理，止步不前。沒有責任心的人，是很難感受到幸福的。

最後，要擁有彩虹般多彩的內心。擁有豐富的情感，才對這個社會報以感恩之心。

08 紫色

・夢裡千尋

古香古色的大門，門上掛著一塊清晰的牌匾——薰衣草莊園。一群人在門口站著，天馬行空地聊著天。她也是其中的一個，混在人群中間，顯得有些拘謹。

這時，從售票處走來一個拿著旗子的年輕人，大概是個領隊，他召集大家集合，並發放門票給每個人。

一切就緒之後，這群人井然有序地進入莊園。她走在最後，不疾不徐。

一進門，就聞到了淡淡的薰衣草香。她眼前一亮，有些迫不及待地向前看，而其他人已經按捺不住喜悅的心情，快步跑向那一大片紫色的花海。

她穿著棉麻質地的素白長裙，直到腳踝，頭上戴了一頂酒紅色的淑女帽，兩根鬆鬆的麻花辮隨意落在胸前。當她安靜走進那一片花海，閉著眼睛，微仰起頭，感受周身的薰衣草氣息時，不自覺地成為眾人的焦點。

「好高雅的氣質，多麼清麗脫俗的女子」，周圍人切切私語地評價著。甚至有人開始拿起手中的相機為她拍照，而她渾然不覺。

直到有人走到她的身邊，詢問是否可以與她合照時，她才赫然發現，原來人們都在看著她。

其實她不喜歡這種成為焦點的感覺，而是喜歡一個人安安靜靜的，享受這片紫色的夢幻。不過她沒有拒絕，只是淡淡地微笑了一下，接受了周圍人的邀請。

拍了一會兒之後，她繼續跟著人群走著，只不過，這一回她不再走在最後，而是被大家簇擁在中間。尤其是一些男生，喜歡和她有意無意地搭話。她依舊禮貌委婉，淡淡微笑，內心卻似乎隔著一道半透明的牆。

直到看見不遠處的一個紫色迷宮，她感到自己童心萌發。小跑步過去，先是在周圍轉了一圈，尋找到入口，便想也不想地走了進去。

迷宮的路有些窄，一次只能走一個人，她的方向感並不強，只是憑著感覺向前走著，卻好像越走越偏。幸運的是，她聽到了小提琴聲。

接下來，每當她走到一個岔路口，必須選擇一條路走下去的時候，如果琴聲越來越清晰，她就會繼續向前，如果琴聲漸漸飄遠，她就會後退回岔路口，選另外一條路。就這樣，走著走著，她來到了迷宮的中心，看到一位正拉著小提琴的男子。

他靜靜看著她，不發一語。而她，已深深被他吸引。

「請帶我出去。」她第一次主動開口。

「好。」男子乾脆俐落地回答。

男子帶著她往出口的方向走去。迷宮的路漸漸變寬，開始可以並肩走兩到三個人。而他，開始牽她的手，她感覺薰衣草香飄進了迷宮，進入她的心。

女子醒來。單身多年的她，對感情原本一直抱持順其自然的心態，偶爾遲緩而消極一點，但因為這個夢，內心突然有了些悸動。

・心理印象

在心理學上，紫色優雅而高貴，神祕而浪漫，同時，又帶有流動與不安，但這種不安並不強烈，而是一種淡淡的惆悵，或說是哀而不傷。

夢中的她進入一大片薰衣草莊園。雖然在人群中，她看起來並不合群，暗示做夢者內向的性格，或是一種拘謹的態度。可能是對浪漫的情緒不太適應，也可能是「近鄉情更怯」的感覺。

薰衣草香是清淡而悠遠的。做夢者在夢中的衣著打扮清麗脫俗，與薰衣草田相互輝映著，呈現出一種協調的美感。暗示做夢者希望自己能夠融入一種平和的情緒，以及內心渴望著一份浪漫情懷。也因此，夢中的她雖然成為了眾人的焦點，但是自己並不享受這樣的時刻，說明做夢者更在乎自己內心的感受。

薰衣草的功能之一便是使人的身體和心理重新歸於平衡狀態，且擁有治癒的功效，因此能夠幫助情緒不穩的人，或讓人的內心比以往更加平靜，也藉機減少了紫色本身蘊藏的淡淡不安。

夢見迷宮，代表著一種迷惑。可能是在浪漫氣息的充斥下，做夢者有些迷失方向。反映出單身多年的女子對愛情開始產生了憧憬，但卻不知該到何處追尋，因而產生了迷茫感。而後在迷宮中心看到了一個氣質極佳的男子，也說明了做夢者潛意識對愛情的渴望。

而期間出現的小提琴聲，有一種觀點是，琴聲代表了遠方的消息。跟著提琴的聲音走，暗示了做夢者內心信任消息的可靠性。

最後，夢中的男子帶著做夢者走出迷宮，亦即走出了迷茫，重新找到了方向。做夢者感覺到薰衣草的香氣飄進了內心，也是說明了其身心渴望回歸平衡。

夢裡的結局美好，證明做夢者潛意識裡的愛情觀點：想要擁有美好浪漫的愛情，不需要太過轟轟烈烈，只要順其自然地到來，然後如細水長流般綿延不絕。

生活心法

不論什麼個性的女生，內心深處都會渴望愛情的歸屬。但當你還沒有遇到合適的對象時，還應該認真地享受單身的每一天生活。自然、自我、舒適，一切順其自然。

也許你會說，生活中沒有那麼多的順其自然，若不主動爭取，可能會失去很多東西。其實，這裡說的順其自然，與不作為是不同的概念。我們可以順著自己的心境和想法去做每一件事，只要它合乎常理。但是順其自然，可以讓我們活得更加坦然，讓內心更加平靜。不至於在失望過後，感受激烈的痛苦。

如果是單身太久了，可能會覺得單身也很好，戀愛反而麻煩。這種想法也許會讓你在不輕易間錯過很多機會，留下很多遺憾。因此，任何時候都不要放棄機會和希望，也不要讓太多的框架束縛住自己的真心，適度地隨心所欲，會有意想不到的驚喜。

Chapter 4

廣闊的自然與變化的心境

沒有人是不熱愛自然的。

當我們忠實地熱愛自己的生活時，我們願意走近自然，置身其中體會心曠神怡的感覺，為生活更添幾分純淨的氣息和美感。當我們想要逃離生活，我們更加願意走進自然，願其能夠治癒心靈，給予我們重新回到現實生活的勇氣。

因此，有些人，即便只有一個人也要選擇旅行。放眼自然，四處都是迷人的色彩。當微風拂過，是萬木吐翠的春，透出的是生長的動力和萬物的生機；當一縷陽光灑下，便可以愉悅身心，感受其中的溫暖；當一陣細雨落下，則會透出難得的清涼，令人變得越發清醒；而一片金黃色的美景，那可能是五穀豐登的秋，看到一片片的收穫，想必又能激起人努力打拚、不斷前進的欲望；而即便是寒冷的冬雪，也能給人寧靜祥和的感覺，令人感到溫馨。廣闊的自然，格外多姿多采。

人，本身就是源於自然的，我們生存於自然，並按照自己的思維一步步融於自然，改造自然。因此，自然界與人類息息相關，不可分割，自然於我們內心，是神聖的。

我們都應熱愛自然，並要經常讓自己置身於自然當中。當我們整日不斷為生活而奔波忙碌，幾乎要脫離自然人成為「機器人」的時候，心靈必然會遭遇不安、痛苦和煩惱。大自然有一種力量，能夠令我們獲得精神上的解脫，它是一把人人需要的鑰匙，為我們解開內心深處的枷鎖，讓我們有機會重新整理自己的心境，脫離煩躁不安的情緒。

就像魚兒和大海，如果魚兒認為大海是可悲的，是可以脫離的，那麼魚兒必然會遭受到痛苦與不安，甚至會死亡。只有充分在大海裡生活，才能真正自由自在地享受生活的樂趣，生命的奇妙。

我們也會敬畏自然。美國心理學家羅傑斯（Carl Ransom Rogers）曾說過：「當看到太陽落下時，我們不會強去控制日落，不會命令太陽右側的天空呈現橙黃色，也不會命令雲朵的粉紅色再更鮮豔一些，我們只能滿懷敬畏地望著而已。」因此，面對自然，我們要學會適應，而不是強求和改變，適者生存也是這個道理。

很多時候，我們不夠敬畏自然，在改造自然的過程中沒有意識到保護自然的重要性，宣稱要征服自然，進而違背了自然規律，破壞了自然，最終導致了自然的懲罰和報復。當然，有些自然界帶給我們的災難也可能是自然規律的結果，比如火山噴發、特大暴雨、颱風等等。但不論是自然還是人為的原因，我們都不可避免地感受到對自然界的崇敬或畏懼。而且這種敬畏的心理很可能是持續性的，尤其是有過類似經歷的人們。

心理學上有一種叫做回歸自然的心理療法，即是從令人精神窒息的人際糾纏中回歸到大自然的懷抱，以身心內在的精神自我與自然的精神共融共存與統一，使自己的精神生命得以在大自然的能量中復活與休養，進而成為自然的一部分，以便消除痛苦、煩惱與不安。

這種療法其實是提倡自我的修復，強調內心的自然，未必一定身處自然界當中。但是我們仍舊提倡人們投身真正的自然界環境中，為自己營造一個平和安靜的氛圍。林語堂先生曾說：「大自然本身始終是一間療養院。」因此，我們可以在自然環境裡追尋內心的自然，最終回歸平和坦然的心態，築起更多的希望。

自然界是偉大的，因為它豐富多姿。我們時常感慨大山的巍峨，江河的壯闊，面對大山大海，我們會感受到自身的渺小；我們嚮往鄉村的靜謐，放眼青山綠水，感受周圍的風吹草動；我們嚮往聽流水潺潺，抑或海浪滔滔，跟著這些聲音，去聆聽自己內心的心聲；我們嚮往鶯飛燕舞，花團錦簇，去看大自然美麗的容顏，進而為之羨慕和感嘆。

正因為有這麼廣闊的天地，奇妙的自然，有時候我們會以為自己置身在奇幻的夢境，事實上，我們也常在夢裡夢見各種自然環境。夢裡，有它的壯麗、它的威嚴。我們會覺得美麗，或覺得畏懼，都是我們內心的真實感受，不過是顯示在夢裡而已。

不同的自然景觀也代表著不同的心理象徵。比如太陽有主宰的意義；月亮是女性本源的象徵，亦有善變，反覆無常的意義；星星則代表著特殊的嚮導和守護，能夠給人心靈的指引等等。

此外，山川、森林、河流、沙漠，哪怕只是一個普通的十字路口，都有著不同的象徵意義，從認知學派的角度來說，這源於人們從生存需要和功能需要的角度出發，進而認知我們的自然空間和周圍事物。

那麼，你對大自然，是熱愛多一些，還是敬畏多一些呢？在各色的自然景觀中，你最喜歡的是哪一類？喜歡江海濤濤，還是涓涓細流？喜歡神祕的森林，還是一望無際草原？最畏懼的，是地震還是海嘯？還是令人無法忍受的、徹骨的寒冷？不論怎樣，你的選擇，都源自內心的認知，也正是這樣的認知想法，賦予了廣闊自然不同的象徵意義。

01 洶湧的大海

．夢裡千尋

海浪擊打著礁石，聲音聽起來無比悅耳，就像在傾訴著什麼，似遠而近，似近猶遠。站在岸邊看著洶湧的大海，他由衷地感覺自己是如此渺小。

看著看著，他就跳了下去，整個人沉浸海裡，如同鳥兒展開翅膀飛上晴空一樣，自然流暢。在水面之上看到的大海明明是如此洶湧，但是等自己也置身其中，卻發覺裡面意外地溫暖，母親的搖籃曲大概就是這樣的感覺吧！

他正在下沉，但是只要稍微抬起頭就能看到水面上的粼光，一片又一片，像星星一樣，盛夏的夜空也不過如此。

身邊有色彩斑斕的各色魚兒游過，他伸出手卻一條也摸不著，不是魚兒穿透了他，就是他穿透了那些魚兒。

他沒有任何疑問，一切都如此理所當然。

閉上雙眼才能聽到水面上洶湧的交響樂，他不知道為什麼交響樂會和搖籃曲如此諧和，不過也許這並不重要。

他就這樣放任自己一直下沉。下沉，下沉，下沉。

當四周再也看不到粼光和那些漂亮的魚兒時，他突然覺得有點害怕。那是一種難以說明的心境，他並不討厭這裡，相反地，他很喜歡這個地方。他認為自己是屬於這個地方的，他好不容易才到達這裡。

一開始，他的確感到很欣喜，畢竟他回到了自己的歸屬之地呀！

「若再繼續下沉，總有一天會再也聽不到水面上的洶湧澎湃吧？」他這麼想著，然後睜開了雙眼。周圍漆黑一片，什麼都沒有。和他一樣。

他覺得自己真是笨透了。不管再怎麼平靜，自己果然還是無法捨棄水面上那片美麗雄偉的景色，即便本能在告訴他那裡充滿苦難。

那又怎樣？

他再次閉上了雙眼，聆聽著那微弱的吼聲，開始向上游去。

他在陽光灑滿窗櫺的時候醒來，並不記得自己做了什麼夢，甚至自己是否做了夢也不知道，但是心中這份歡喜，一定假不了。

他爬起來梳洗打扮，拉平襯衫，繫好領帶，穿上外套，提起公事包。包裡放著一份辭呈。

今天真是個適合離開、迎接新生的好日子。

‧心理印象

水是生命之源，海洋深奧且具有包容性。有一種說法，海洋就像是地球的子宮，如同人出生前母親的羊水，億萬年來孕育著地球的各類生命，令人感到神祕而敬畏。心理學中，海洋深處是一個潛意識的領域，既蘊含著豐富的生物和寶藏，又隱藏著不可預知的危險。

做夢者先是站在岸邊聆聽海浪擊打礁石的聲音，像是在傾訴一般，實際象徵著做夢者內心面對海洋產生傾訴的欲望，渴望內心與大海產生思想上的共鳴。接著做夢者跳入大海，是透過自己的主觀意願，他想到海洋深處去探索，深不見底的水域一定有很多不可知的事物，色彩斑斕的魚兒穿透身體，為夢境賦予了奇幻色彩。從內心剖析，做夢者應是對神祕的事物有著一定的渴望，這樣的人往往具有勇於面對未知風險的勇氣。

海中有和諧的音樂，搖籃曲象徵著生命之初，能讓人想到母親的懷抱，因此做夢者在夢中能夠感受到溫暖，象徵著自己渴望在波濤洶湧的複雜世界中得到保護。也可能是做夢者在尋找最初的夢想，來抵抗外界的壓力。

水面上的洶湧澎湃象徵著起伏不定的情緒和曲折的人生經歷，做夢者在夢中放任自己不斷下沉，表示他想要遠離紛擾和苦難，尋找一片寧靜。

面對生活，我們不可能在某個羽翼保護下得到永遠的平靜，生活賦予我們成功，也賦予我們失敗，如果不能正視，那就是一種逃避的表現。夢中，做夢者潛意識中是有這種認知的，因此當沉到一定程度，周圍漆黑一片，無論再怎麼享受平靜，也無法捨棄水面上的景色。這反映出心理學上一種雙趨勢衝突，當兩種或兩種以上目標同時吸引著人們，而又必須選擇一種目標時，則會產生雙趨式衝突。所謂魚和熊掌不可兼得，做夢者潛意識的解決方案是：回歸大海深處是一種短暫的自我回歸，享受平靜之後，尋找最初的自己，然後再奔赴複雜的現實環境中，實現自我突破。

生活心法

經過社會的洗禮過程中，我們容易偏離原來的軌道，忘記自己的初衷，或是被一些殘酷的現實壓得喘不過氣。遇到這種時候，不必一味地催促自己前進，可以放慢腳步或暫時停下來，回過頭看看，尋找當初的自己。

我們可以尋找一個讓自己感到安全的地方，暫時喘口氣，但是不要永遠躲避。休息，是為了走得更遠。條條大路通羅馬，通往成功的道路永遠不會只有一條。遇到困難或絕境，可以換跑道，重新開始。

02 大型動物

·夢裡千尋

這好像是一座荒廢了的公園，看起來已經和一片荒野差不多，但是向遠處眺望，仍有綠草和小溪。

山坡上有一位老人。老人這輩子只有這些動物們陪伴身邊，獅子、老虎、大象、熊、河馬、犀牛。他記得自己年輕時是動物飼養員，雖然現在已經不做了，但是照顧牠們還是辦得到的，畢竟他身體還不錯。當然，跟年輕時的確不能比了。不過動物是比人簡單的一種生物，只要吃飽了，只要不覺得自己有危險，一般不會主動攻擊人。他是個老手，自然知道怎麼樣才能讓自己保持安全。

他抬頭看了看遠方，眼前時而模糊時而清晰，荒野好像變成了半透明狀，透出的景象是一片生機勃勃的綠地和一個年輕的小夥子。他清楚那正是他年輕時候的樣子，和幾十年前的這片公園。

在他陶醉其中的時候，一隻大型虎緩緩走到他身邊，趴在山坡上。他轉身對牠微笑，將身體靠在這隻老虎背上。

這些動物之中，他最喜愛的就是這隻老虎，那虎是什麼品種他應該是知道的，但腦子卻怎麼也想不起來。

那隻老虎溫馴得如同一隻大貓，有著和煦陽光時，他們會一起曬太陽。老人對牠非常喜愛，但是說不清自己是不是真的喜歡它，因為他深感這樣的一份喜歡是夾雜了些許畏懼的。

他認真地照顧牠們，一如自己年輕時那樣，卻也不完全一樣。那隻老虎對他來說是特別的，而他也早有預感。

那天天氣很好，他和老虎一如往常一起曬著太陽，他坐在長椅上，老虎趴在地上，真的是一如往常。太陽下山的時候，老虎突然直起身來，看了他一眼，離開了。他默默地看著老虎離開，突然覺得有些害怕。

·心理印象

美國心理學家馬斯洛（Abraham Harold Maslow）的層次需求理論中，提到了情感和歸屬的需要以及尊重的需要。情感歸屬的需要是指人們需要得到相互的關心和照顧，尊重的需要是希望自己能夠有穩定的社會地位，得到他人的肯定和自我的滿足，希望自己能夠被尊重和被社會需要。

老年人，尤其是普通的老年人，隨著年齡的增長，社會地位會隨之下降，社會關注度也會降低。而他們的內心，仍舊希望自己能夠得到尊重，希望自己是有用處和有價值的。同時，老人對自己過往的成就會更加眷戀和依賴。

夢中，老人眼前荒廢的公園和過去生氣勃勃的公園形成了兩種景象的對比，暗示著做夢者對過去的一種懷念，並且希望證明自己是有能力的。

而老人的依賴對象，則是他一直以來照顧著的動物們。而動物往往代表一個人的心理素質特點，或自己渴望的一種性格和形態。按俄國心理學家的說法是代表「氣質」。夢中出現的大型動物，更多的體現出果敢、權力、勇氣、智慧等特點。老人與這些大型動物做伴，透露出自己擁有或渴望擁有這些性格特質，至少其內心是勇敢無謂並且自信的。

在這些動物中，老人獨愛老虎。心理學認為，老虎威猛，而有老虎一般性格的人，大多是坦率、真誠、純潔、開朗、勇敢的，是那種讓人感到「痛快」的人。說明做夢者可能具有這樣的性格，或內心羨慕這樣的性格。在老人陶醉於過去的時候，老虎走到他身邊，他們互相依偎，這時的虎，是在彌補老人心中的一種無法再回到過去的缺憾，表示做夢者內心渴望一份情感上的歸屬，尤其在自己年老的時候。因此，潛意識裡，他覺得這隻老虎是特別的，即使覺得牠有一定的危險性。

做夢者會因為老虎的離開而感到害怕，象徵著老人害怕自己失去社會歸屬感，以及外界對自己的肯定。

生活心法

歸屬感不僅是他人和社會給予的，更是自己創造的。因此，要多為自己創造良好的社會互動條件。

老人如果平時缺少家人的陪伴，可以多參加社區組織的活動，多結交朋友，可以滿足自己的社交需要。如果喜歡動物，可以養一些貓、狗等較為溫順且普遍的寵物，而且飼養動物可以滋養愛心和希望，釋放內心情感，有助身心健康。要保持良好的心態，平時多注意養生保健。擁有健康的身體，才有機會滿足自己更高的需求。

平時多關注時事新聞，瞭解社會動態，與時俱進。隨著年齡的增長，自身閱歷越發豐富，這是年輕人無法比擬的財富。同時注意避免接觸過多的負面新聞，以免導致不良的負面情緒，失去信心。

03 蠕動的蛇

・夢裡千尋

牆角處，少年覺得自己整個人都要縮起來了。說來慚愧，身為男人的他就是很怕蛇，害怕到光是看到都會打顫的地步。

那應該是條蟒蛇，在地上盤成很粗的一圈，緩慢地蠕動著身體，看起來暫時沒有攻擊意圖，牠眼睛盯著少年，看樣子像在思考是否要攻擊他。

蟒蛇暫時沒什麼行動，他覺得自己應該趁著這個機會逃跑。雖然這麼想，他卻待在原地完全動彈不得，手腳麻痺，冷汗直流，心臟撲通撲通地跳個不停，他緊張得一動也不敢動，害怕一轉身，蟒蛇就會向他撲過來。

大腦開始從麻痺的狀態中逐漸清醒，他明確地感覺到自己可以逃走，只要他願意。於是他慢慢直起一直僵著的身體，他不想再做一個膽小鬼，心裡不斷鼓勵自己，雙手捏緊拳頭，腳向後方挪了一小步，然後停下來，謹慎地看著眼前的蛇。

那條蛇一直都在原地蠕動著，雖然仍在盯著少年，但彷彿並沒有看到他的動作，看起來依舊沒什麼攻擊意圖，或說是根本就沒有把他當一回事。

少年膽子大了一點，忽的一瞬間，他發現自己可以跑動了，於是他轉身大步奔跑，用盡自己全部的力氣衝出去，進入了一片陌生的樹林。

他跑過一棵又一棵的樹，直到累得喘不過氣，他癱坐在地上，擦著臉上和手心的汗。忽然聽見了令他毛骨悚然的聲音，抬頭，發現他的正前方有一條正在地上蠕動的蛇。嚇得他一骨碌爬起來，此時他已經考慮不了太多，站起身便換個方向繼續跑，但是每當他停下，面前總是有一條蠕動的蟒蛇，看起來非常恐怖，卻沒有攻擊他。他想跑出那座樹林，卻越發迷失了方向。

終於，他停了下來，大口喘氣，不甘心地咬了咬自己的下唇，低下頭放聲哭了。他在自己的哭聲中醒來。翻個身，想繼續睡去，可是眼睛卻沒有閉上。

如果可以不用去上學就好了，在學校裡他總是孤獨一人，沒有人跟他說話，他也從不想自己主動找人說話，只是日復一日，聽課，抄筆記，做作業。他很努力，心想只要自己成績好的話，也許在班上會稍微顯眼一些，可惜他成績並不很好。他覺得自己不是念書的料，總是抓不到要領，事倍功半。

他害怕這種感覺，就像害怕蟒蛇。

‧心理印象

心理學中，動物都代表著特定的形象，其中蛇是直覺的象徵，神祕又令人畏懼，很多人對這種無腿的動物有著天生的恐懼，因此夢中出現的蟒蛇，象徵潛意識中的恐懼和缺乏安全感。夢見被蛇追趕無法逃脫，則暗示做夢者在精神層面上有強烈的被束縛感，難以自拔。

夢中的蟒蛇雖然大並不停蠕動，其實本身並沒有攻擊性，但是做夢者表現出十分懼怕的狀態，說明這種恐懼感並不是源自外界，而是源自內心。而這種恐懼心理在夢中被釋放和擴大，可能是做夢者潛意識裡壓抑了非常久的時間。

蛇是一個提供這種恐懼感的外界對象，夢中蟒蛇不斷出現，說明做夢者內心被恐懼所圍繞，這種感覺深入內心，揮之不去。而在樹林裡迷路，樹林本身具有隱蔽性，從心理學角度，代表做夢者因恐懼和茫然迷失，不知道該何去何從。

最後，夢中的哭泣，一方面代表不能控制的情感和痛苦，另一方面，則代表做夢者想要發洩自己的情緒。結合做夢者自身的情況，可能是源於長時間的情緒壓抑，這種情緒與自身的心理感受和親身體驗有關。潛意識的作用下，在夢中不受控制而釋放。

出現這樣的夢，可能是由於長期的心理恐懼所造成。所謂心理恐懼，是在可怕情景影響下產生一種十分緊張的情緒反應。這種心理可能形成於長期承受心理壓力或是某種強烈的刺激。特別是在人的某些重大需求得不到滿足或被剝奪時，恐懼的情緒會占據身心。心理動力學派認為，會感到恐怖是潛意識被壓抑的焦慮象徵作用和取代作用的交互影響結果。而對於做夢者來說，自我壓抑的成分要多一些。如果長時間得不到解決，可能引發憂鬱症。

生活心法

做夢者應該擴大自我認知，找到自己壓抑和害怕的源頭，預測可能造成的不利影響，提前做好心理準備，提高自己的挫折承受能力。其次，要培養正向的人生觀和堅強的意志，多接觸一些不怕失敗和挫折頑強努力打拚的事例，激勵自己。

另外，嘗試和別人溝通和交流，如果心理壓力過大，要多和老師和家長溝通，讓他們瞭解自己的心理狀態，必要時聯繫心理醫生，正視自身的問題，不要逃避，也不要因此在意別人的眼光，多參與一些有關心理建設的活動和訓練，努力解開心結，試著讓自己放鬆。

也可以讓自己休息一段時間，改變一下周圍的環境，做些自己感興趣的事，比如培養一項愛好，逐漸發現自己的特長，認識自己的優點。

如果不是自己遇到類似的問題，而是發現身邊的人有這樣的憂鬱現象或反應，務必要嘗試與他聊天和交流，或告訴他的家人和朋友，增加周圍人對他的關心，有助於改善對方的情緒。

04 無盡的天空

・夢裡千尋

最喜歡天空了。旅人心裡這麼想著，仰望著心愛的天空，忽然覺得自己什麼都能做到。

她是個旅人，剛才正和一個偶遇的陌生人聊天，講她過去在繁華的都市裡行走，或安靜地經過村落小鎮時的故事，以及偶遇無人廢墟的經歷，不過只是三言兩語地帶過，便告別了對方。此刻，她只想與天空對話，天空一直是她最重要的夥伴。每當她向天空揮揮手，天空便落下軟綿綿的白雲，圍繞著她身邊，降落在她周圍，雖然最後變得透明，消失不見，卻能讓她在獨自的旅途中，不覺得寂寞。

她真的開始跟天空說話，但是不知道為什麼，今日的天空一直都沒有回應。旅人覺得很奇怪，於是她抬頭，久久凝望，隨之更加疑惑。天空還是她熟悉的樣子，沒有什麼變化。然而看著看著，她發現了令人詫異的地方——遠空中似乎有一道裂縫。因為非常細微，她一開始並沒有發現，可一旦發現了，那道裂縫就開始慢慢朝她的方向靠近，變得異常顯眼，讓人無法忽視。旅人感到一陣恐慌，她覺得這樣的天空不是她所喜歡的天空，這樣的天空，是怪異的。

心裡突然冒出一個不安的念頭，「如果裂縫不斷擴大，天空是不是就會塌下來呢？」

她開始回想，回想曾經去過的地方，有一些是充滿傳奇的。記憶不斷地搜索，她想起了一個奇妙的地界，那裡有一棵巨大的樹，如果爬上了那棵樹，大概就能到達離天空很近的地方。她很想上去看看，她喜愛的天空到底怎麼了？

她閉上雙眼祈禱著，等她再睜開眼的時候，巨樹就在她的身邊，意外的是，樹枝相互交錯，形成了一段段的梯子，所以她毫不猶豫地爬上去。

在她努力爬樹的時候，裂縫正不斷擴大，兩側都已延伸得看不到盡頭，等她爬到頂端裂口處向裡面望去，她覺得自己似乎看到了和過去同樣的天空。

難道天空被藏起來了嗎？那麼是不是等裂縫徹底裂開的時候，天空就會回來了呢？旅人由衷地這麼期盼著。

此時一陣風吹來，把旅人吹下了巨樹，旅人的身子很輕，像一片樹葉，輕輕地飄落在地上，她沒有時間考慮為什麼，又再一次爬上了巨樹，為了到心愛的天空身邊去。

她發現，天空在向四方延伸，樹枝在向天空延伸，她始終在往上爬著，卻很難再靠近天空。

忽然間，天空掉了下來！

她驚醒了，覺得自己一定是做了一個悲傷的夢，她一定是失去了什麼非常重要的東西，再也找不回來了。

・心理印象

美國心理學家弗洛姆（Erich Fromm）認為，自從人偷吃了伊甸園內知識之樹上的果實，開始有了理性和自我意識後，同時也意味著人開始脫離自然，打破了與自然之間原有的和諧狀態，被逐出了伊甸園，獲得了自由，但同時也獲得了孤獨和恐懼。

而旅行的主要需求之一是回歸自然，尋找一個平衡點。旅行的新鮮感使人獲得更多的滿足，尤其在現今充滿冷漠的社會裡，旅行可以用來抵銷這種孤獨和恐懼。

天空是空曠的，既象徵著內心的寂寞，又體現出寬廣的胸懷。天空的色彩和模樣又是變幻莫測的，如果天空晴朗，那麼藍天的色彩會給予人們更淡然和愉悅的心境。如果是灰暗的，則表示低落情緒的反映。

做夢者雖然在夢中是獨自旅行的旅人，但她一向選擇與天空對話，並不時與白雲互動，說明其內心追求自由和心靈的愉悅，可以透過天空為原本寂寞的旅途和內心提供心理補償，進而獲得喜悅的感受。但是此時天空失去了互動反應，甚至出現了裂縫，說明做夢者潛意識裡存在危機意識，或是自身存有一種不安全感，無法放任自己一直依賴某一個事物。

喜愛天空下的愉悅和放鬆只是表面的，內心其實隱藏著不安。

夢中的天空出現怪異現象，是做夢者內心失去平衡感的一種反應，也因此產生了恐慌感。

做夢者自身帶有寂寞的情緒，或許是潛意識下不想失去天空帶給自己的心靈補償，所以夢中出現了巨樹。樹具有安穩的象徵意義，同時也代表了希望。但是自己像樹葉一樣從樹上飄落下來，代表了漂泊不安穩的心境。

天空的裂縫內有原來的天空，是做夢者潛意識中對過去天空的一種嚮往。然而人們往往期望越高，不安就越強烈，以致最後天空掉了下來，做夢者驚醒。深層心理學研究指出，這可能是因為過度期望產生的相反作用。期望過高會造成壓力和焦慮，最後使事情朝相反的方向發展。

這個夢也說明，做夢者並沒有真正的放鬆下來。

生活心法

真正的敞開心扉，讓心靈回歸自然，好好享受自然的美。

旅行可以釋放壓力，但是不要把旅行當做一次排解壓力的任務。嘗試自然地融入其中，慢慢讓心情變得開朗，充分領略它的美妙之處，那麼即使是獨自旅行，也能消除內心的孤獨感，或許還會有意想不到的收穫。

培養積極向上的自我意識。承認自己的渺小，也承認自己的有用之處。必須清楚地意識到，孤獨是一個相對的概念，有人類的地方就有孤獨感。我們無法時時避免，所以不如學會享受它吧！

05 自然災害

・夢裡千尋

灼熱的陽光正炙烤著大地，這片土地已經乾涸，這片土地上的生物也即將乾涸，四周不見半點水源。這裡是她的故鄉，她並不願離開這裡。

她開始了奇怪的頑抗，彷彿這麼做是一種義務，儘管她並不去思考這義務從何而來，又是誰加諸在她身上的。她用盡全力在實踐這份義務，她以生命守護著這裡。

鄰居們紛紛離去，他們用充滿了憐憫的目光望著她，似乎想告訴她什麼事情，她看著他們欲言又止，覺得自己大概不會聽到什麼好消息，乾脆回避他們的目光，不願去聽。他們從小在這裡長大，大家一起度過了許多美好的時光，可是她有預感，如今離開的和留下的人，再也無法產生交集。

整個城市空蕩蕩的，已經沒有多少人的氣息，除了遇見準備離去的鄰居們，其他人好像都消失了。在烈日的暴曬下，有些暴露在街面的管線開始自燃，而旁邊，有些蟲子還在艱難地爬著，她突然有些佩服牠們，覺得牠們是如此堅強不屈，努力想活下去。

她在路上走著，幾乎已經看不到完整的建築物了，那些乾枯的殘骸用手輕輕一敲，就會變成碎末消逝於空氣中。陽光是如此明亮耀眼，明明周圍一片白茫茫、亮晶晶，她卻只覺得周圍都是黑色的，連自己也是黑色的。

現在，只剩下她自己。

她再也撐不下去了。

她覺得只要自己倒下來，就會消失，成為那些碎末的一份子。

天漸漸陰沉，陽光漸漸被蒙蔽，雨落了下來，淅瀝瀝地落在乾涸的土地上，滲入其中，化作新的血肉。

好渴，當她意識到自己正這麼想的時候，她發現自己已經醒了。她在床上掙扎了一下，還是決定下床去倒杯水喝，緩解一下難受的喉嚨。

她並沒有拉上窗簾的習慣，所以在倒水時，一抬頭就看到了窗外的各色燈光。她突然覺得自己並不該在這裡，卻無處可去，因為這裡有她的家人，她的朋友，她的生活，她的一切。

她的責任在這裡。想到這兒，大口將一杯水灌下去，感覺好了一些。

·心理印象

自然災害有其不可抗力性。夢見自然災害，預示著生活可能會發生一些變故。災難的嚴重程度，預示著變故的程度。而做夢者在夢中的反應，暗示了面對變故的心理態度。另外，如果災難是具有毀滅性的，則反映做夢者內心某些想法和信念的坍塌，夢中的災難發生在故鄉，暗示做夢者潛意識的不良情緒與自身所處的環境有關，可能來自工作或家庭。

灼熱的陽光，毫無水源，反應一種焦灼的狀態，或是焦慮的心理。水乃生命之源，失去了水分，暗示著外部環境陷入絕望狀態，反映出做夢者周遭的嚴苛困境。

然而在夢裡，做夢者是想要與自然災害進行對抗的，而且不顧周圍異樣的眼光。說明了做夢者是個責任心很強的人，並懂得堅持與守護。在心理學中，責任心是一個非常重要的人格特質和社會品格。責任反映的是道德、法律、職業和人的良心的要求。在西方文化中，責任的概念源自義務。人們在社會化的過程中將形成的價值觀不斷內化於心，並在實踐中逐漸意識到自己的責任，並產生了相應的內心體驗。因此，在生活不盡人意的時候，這種內心體驗可能會擴大，形成一種潛在意識，並在夢中有所反應。因此，做夢者在夢中羨慕那些蟲子，感受到生命力的頑強。

最終，陽光退去，雨落了下來。說明做夢者潛意識給自己的一種心理暗示——希望依然存在。反映在現實生活中，可能是一種堅忍不拔的信念。這種信念可能動搖過，但一定還是會堅持下去。心理學家認為，積極的心理暗示，能夠激發人的潛能。

當然，從生理的角度來講，做夢者嗓子乾渴，並為此感到十分難受時，也有可能夢見灼熱的災難氛圍，但除去這種生理的因素，則反應出更多內心的焦躁不安與自我責任驅動下的精神對抗。

生活心法

時常做積極的心理暗示，採取積極的思維，培養自己積極的心態，成功的人往往都是擁有積極思維的人。注意發現自己和身邊人與事物的亮點，接受批評與讚美，並多讚美別人，這些都有利於培養自己的樂觀精神。

我們可以因過去發生災難而留下很深的印象，但是不要因此而產生悲觀厭世的心理。大自然有其不可抗拒性，但是並不可怕。當然，這也提醒我們，要努力正確地處理好自己與周圍環境的關係，不僅是自然關係，也包括人際關係。

培養自己的責任感，正視自己的責任和義務，並保持心理的健康。這是一種心態的養成，也是一個過程。心理健康不是無失敗、無衝突、無痛苦的完美狀態，而是能在遇到不如意的時候，做出行之有效的自我調整。

06 傾盆大雨

．夢裡千尋

雨滴越來越大，劈哩啪啦地打在身上，意外的是，他感覺十分舒服，身上的衣服很薄，卻不覺得冷，也沒有感到其他不適，彷彿淋雨再久一點也沒關係。他一邊這麼想著，一邊在傾盆大雨中行走，沒有目的地，只是盡情享受著在雨中行走的過程，周圍好像沒有什麼人，他也不管周圍有沒有人，只要沒有他的母親就好，否則應該會被狠狠罵一頓。

他看不清眼前的事物，所以他過了好一陣子才發現自己手上其實拿著一把傘，那究竟是一把什麼樣的傘，他說不出來，看不清傘的顏色，也不知道是誰的傘。用手摸了摸，發現傘很大，撐開來一定可以保護他不被淋濕，直覺告訴他，這把傘是可以用的，但是，他並沒有打傘避雨的想法。

他垂下手拖著那把傘走著。周圍的一切聲音，衣服的摩擦聲，行走時的腳步聲，傘尖劃過地面的沙沙聲，還有他的心跳聲等等，都被滴答的雨聲蓋過了。

周圍漸漸明亮起來，雨滴落下的速度也變慢了，開始停留在半空中，就像珠簾一樣一串串停留著，那景色甚是美麗。他被那美景所吸引，停下了腳步。

如果能一直看著這樣的美景該有多好。他這樣想著，抬頭望著，久久不願前進。

這時，他抬手想要擁抱這一美景，卻不由自主地再次將視線落在手中的那把傘上，而他，終於看清了手中的傘。

那是一把極其普通的傘，他對傘的外觀的確沒有印象，只是看清它的瞬間，就理所當然地產生了一股親切感。他打開那把傘，傘面撥開了他身邊的雨滴珠簾，開始變回了正常的雨滴，劈哩啪啦地落在傘面上。

他想起了自己的目的地。他知道，只要穿過這片大雨，抵達那個開門後會有人對他微笑的地方，就是他的終點。於是，他又開始迫不及待地前進。

老人家見到他時第一句話就是：「你看看你都多久沒回家了，這麼大的人了老在外面跑。」

窗外正下著傾盆大雨。他從小就愛在雨裡跑，圖個涼快。看著窗外的雨，他想起最近似乎做過一個跟雨有關的夢。

是個什麼樣的夢呢？未等他回想起來，他就被老人家叫過去幫忙摘菜了。

・心理印象

做夢者從小就喜歡下雨，到了夢中，也表現出對雨的喜愛，這種喜愛源自熟悉和良好的第一印象。這種對越熟悉的東西就越喜歡的現象，心理學上稱為「多看效應」。下雨，在心理學上原本代表了阻礙，因為雨天往往會阻礙人的出行。但是夢中，做夢者在沒有打傘的情況下，依舊感覺到在雨中行走十分舒服，說明了夢中的雨代表了一種熟悉和喜愛的環境，且雨水能夠滋潤大地，促進萬物生長，因此，雨在這裡象徵著好運。

人因為喜歡而受到吸引。夢中的雨對於做夢者來說就是一種吸引，甚至是一種誘惑。雨聲大過了周圍的一切聲音，也是做夢者主觀意念上的陶醉。

雨滴停留在空中，形成了十分美麗的景色，這是一種虛幻的景象，也有可能是因為時間靜止產生的奇幻景象，暗示了做夢者對雨的留戀。也表示做夢者容易被周圍的一些幻想或突然出現的計畫外的欲望所吸引，進而停止自己前進的腳步。不禁讓人想起一句話：當我們坐在車上看風景時，容易被中途的風景迷住，而忍不住下車觀賞，卻因此錯過了到達目的地的最佳時間。

雨傘，是一項保護的工具，暗示一個人有被保護的願望。做夢者一開始雖然沒有撐起雨傘，但是一直拿在手中，也暗藏了一份內心存在的安全感和自我保護意識。夢中的他在撐起傘的同時，也讓自己回到了現實，或說時間再次流轉，其實是提醒做夢者要把精力用在正確的地方，夢幻的事物可以給人帶來暫時的快感，但是不要沉迷其中。

穿過這片大雨，會有人微笑著等他，這裡則暗示做夢者對家的期盼和懷念。即便有所阻礙，只要回到家，就回到了能躲避風雨的港灣。

生活心法

有很多人不得不離家在外奔波，有的為了賺更多的錢養家，有的為了謀求個人更好的發展，有的可能是為了開拓視野。但是在外打拚的同時，我們也要記得，家中一直有著關心和愛護我們的人，每天期待我們可以比前一天更健康、更出色。只要我們時常這麼想，再辛苦也覺得值得。我們要設法保護自己，手中握住可靠的籌碼，同時接受家人和朋友給予的溫暖，將其化作勇敢的力量。

生活總會遇到阻礙，但是如果換個角度考慮，阻礙也是歷練，說不定還是另外一個機遇。嘗試掌握每一個前進的方向，堅持向前，不要被中途的欲望所迷惑，但同時，也允許自己在把握原則的前提下，偶爾犯下些許錯誤及感到迷惘。人非聖賢，孰能無過，學習接納可接受的微小偏差，畢竟生活並不能永遠一帆風順。

07 美麗的花

・夢裡千尋

她躺在一大片的花田裡，身邊全是似曾相識但又叫不出名字的小花，她靜靜地看著它們，細數著花瓣，心中充滿感動。

她坐起身來看了看四周，放眼望去，正被各式各樣的花包圍著，花瓣有的飄在空中，有的落在她身上，五彩繽紛，煞是好看。她不由自主產生了想要去看更多花的衝動。她這麼想著，便站起身來，拍拍身上沾到的花瓣，向前走去。眼前的路曲曲折折，不知通往哪個方向，但是她相信，只要一直走下去，就能看到更多美麗的花。

她小心翼翼地前進，後來身體幾乎是飄浮的，過了一會又降落下來，繼續在地面上行走。偶爾她沒控制好平衡，會在降落下來時因站不穩而跌坐在地上，壓倒幾株小花，為此她十分心疼。

快要走出那條曲折小徑時，她總算能夠掌控好自己的身體，並開始怡然自得地飄浮前進，然後她看見了更大一片色彩繽紛的花海。

在她忍不住去聞花的芬芳時，對面忽然飄來了一朵巨大的花，在離她不遠的地方降落下來。她好奇地湊過去看，才發現那不是花，卻勝似花。

那是個非常美麗的女孩。

女孩頭上帶著花冠，肌膚勝雪，像童話裡的公主一樣躺在五彩花田之中。閉著眼，好像睡著了一般。

她在旁邊默默地看著，甚至嘗試屏住呼吸，怕因為自己的唐突將女孩吵醒。後來，她按捺不住好奇，悄悄伸手觸碰那女孩的臉。

女孩的皮膚光滑細膩，柔軟得就像花瓣一樣，而且身上還傳來淡淡的清香。她不禁覺得，與其說這女孩像花一樣，不如說這女孩本身真的就是一朵花。

「太美了。」她喃喃自語。

這時，女孩睜開了眼，兩人正好對上了視線，她慌張地收回了手。

女孩一言不發地望著她，隨即微笑著。

女孩坐起身來把自己頭上的花冠戴到她的頭上。

她這才發現，女孩長著一張與她十分相似的臉。

奇怪的是，她以前明明認為自己長得很普通，可是此刻，她看著對面的女孩，覺得自己也十分美麗。她開心地笑了起來。

醒來時，芬芳的花香似乎還圍繞在身旁，她突然很想出去旅遊。「要是真有那樣一片花海就好了」，她不禁這麼想著。

．心理印象

從心理學的角度來講，夢見花代表「喜」。花一向代表喜事，夢中的花是好運和發財的吉兆。夢見鮮花，代表心情的愉悅，鮮花綻放，也暗示著收穫，以及生活幸福、美滿、安逸。

做這樣的夢前，做夢者的心情應該是愉悅和放鬆的。做夢者潛意識裡保留了這樣的意念，故而夢中的她躺在一篇花海中時，內心是感動和喜悅的。

人們對美好的事物往往會有更深層次的嚮往，除了面對，更想要擁有，且希望擁有更多。這是一種追求，也是一種心理需要。因此在夢中，女孩希望看到更多的鮮花，並希望透過努力去尋找。

女孩的身體時而飄浮，時而在地上，且一開始是不受控制的，暗示了自身起伏不定的心緒，可能是對追求方向的不確信，或對自身追求美好事物的能力還有些許的懷疑。這是一種正常的心理現象。在追逐理想的過程中，如果面對不熟悉的環境，人們不一定會有冒險的精神，難以保證自己不斷向前探索追尋，在追尋的過程中，可能因為內心出現的憂鬱和不確定感而產生搖擺不定的情緒，影響前進的步伐。夢裡陌生的、看不見方向的小路，暗示著追尋過程中可能出現的曲折，而做夢者起初無法控制自己的身體，則暗示自己不能完全地控制自己的心緒。

但是，心理學認為人們有普遍的征服欲，只是態度上的強烈程度有所差異。夢中的女孩因為對鮮花十分喜愛，故而克服自己的猶豫不定，肯定了自己的能力，最終順利地掌握了飄浮的訣竅。

至於她遇到的那個像花一樣的女孩，則象徵著美好的希望。而覺得自己和女孩非常相似，一方面暗示自己內心有著美好的希望和嚮往，另一方面則是渴望自己能夠像夢中的女孩那樣，變得美麗和奇幻，希望自己是特別的。

另外，做夢者原本認為自己長相很普通，但是面對和自己長得相似的女孩，又覺得自己是美麗的。這是一種心理暗示，希望自己變美，美麗可以帶給人自信；同時，這也展現出一種光環效應，指出人們對他人的認知判斷首先是根據個人的好惡得出，而這種判斷往往會以偏概全。做夢者因為女孩的美麗，才覺得自己是美麗的，是因為夢中的女孩給做夢者留下的第一印象非常深刻。但是，這有時確實可以造成激勵的作用，至少帶給了做夢者十分愉悅的心情。

生活心法

德國哲學家康德（Immanuel Kant）認為：「快樂是我們的需求得到了滿足」。

時刻保持愉悅的身心是十分重要的，能夠增強我們的幸福感。但是必須瞭解，快樂並不是容易的事情，它不會主動尋找我們，不是一項禮物或權利，不是唾手可得的。相反地，我們要主動去尋覓快樂。主動追尋，就是向快樂的領域前進了一大步。

另外，要擴大自己的生活圈，不斷嘗試新的事物。當你肯嘗試新的活動，或學習一項新的知識，亦或願意去接受新的挑戰時，就會因為多了一個新的生活層面而驚喜不已。

08 寒冷的冬日

・夢裡千尋

他最討厭寒冷的天氣，不管穿多少都覺得不夠，即使裹上兩層厚厚的鋪棉厚衣，還是覺得冷，牙齒打顫，渾身發抖，這樣的感覺實在不好受。

此刻，白雪堆積在馬路上，寒風刺骨，路上行人都把自己縮成一團，來去匆匆。他也不例外，他甚至感覺自己是路上所有人之中包得最密不透風的一個，帽子、圍巾、手套，全部穿戴著，隱約見得到衣服上的冰碴。

在下一個長長的斜坡時，不知道誰撞到他，他一個踉蹌，被撞得滾下了斜坡，直到撞到一棵樹才終於停下來。樹上的積雪「唰」地掉了他一身，幾乎就要把他埋住了。

他渾身疼痛，雪又從圍巾的細縫灌進他的脖子，他氣憤異常，可惜左尋右找，也不見撞倒他的人。就算真找到了，撞他的人也不會承認吧，他想。無奈之下，他只能摸摸鼻子自認倒楣，他真是太討厭這種冷冰冰的日子了，而此時他眼中的行人，也比以往更加冷漠，沒有人留意他，沒有人關心他，甚至好像沒有人看到他摔倒。他突然感到有些心酸。

他從地上爬起來拍掉身上的雪，該走了，他不得不去那裡。

那裡，應該是什麼地方？

他瞬間煞白了一張臉，剛剛那一撞似乎把他部分的記憶撞掉了，他想不起來自己要去哪裡？這讓他十分焦慮，拚命敲自己的腦袋，想要想起來，卻只換來劇烈的頭痛。

周圍越來越冷了，他忽然感到行人似乎越來越多，看起來灰濛濛一片。他身邊的雪也漸漸變得越來越灰暗。他愣了一下，才發現是因為周圍變暗了。他預感大概又要下雪了。

如果真的下起雪來，他懷疑自己會更找不到想去的那個地方。怎麼辦？他十分焦急。

他隨著人潮漫無目的地走著。鞋子踩在雪上嘎吱嘎吱地響，聲音聽起來有些刺耳。他心急地要趕快到什麼地方去，而且他有這樣的感覺：跟著人潮肯定沒錯！

混在人群中，跟著人影流動。漸漸他終於發現了，有些人是灰白色的，有些人是彩色的，他下意識地追著那些彩色的人走。

追著追著，彩色的人越來越多，心裡有個聲音告訴他：就快到了。

眼前突然豁然開朗。陽光透過雲層灑落下來。說實話，周圍還是一樣寒冷，但是不知為何他卻滿心都不再覺得寒冷。那種感覺很難形容。

醒來，仍是寒冬。

冬天時他總是穿得最多的那個，幾個哥兒們每次看到他都會笑他，但畢業之後各奔東西，他們每年的拜年簡訊都會多說一句「多穿點」，這種時候他會覺得，冬天其實也不是那麼討厭。

什麼時候兄弟們能聚聚的話，那就最好不過了。

・心理印象

自我暗示是一個很常見的心理現象，透過主觀想像某種特殊的人與事物的存在進行自我刺激，達到改變行為和主觀經驗的目的。它是人們心理活動中意識思想的發生部分與潛意識的行動部分之間的溝通媒介。它是一種啟示、提醒和指令，能支配一個人的想法和行為。

冬季雖然是寒冷的，但是像做夢者在夢中如此怕冷，實際上是一種心理上的自我暗示，看到冬季與白雪，更加強化了這種心理，使得自己感覺更冷。同時，過度畏懼寒冷，其實是情緒上的反應，做夢者內心自然地產生一種防禦機制，即在心理上會出現逃避嚴寒的趨勢，因此會感覺更加怕冷。

夢中路上的人行色匆匆，十分陌生，呈現出一種冷漠的氛圍，暗示了做夢者渴望溫暖，而這種溫暖其實是指是人性上的，而不僅僅是天氣變暖。也許是做夢者在生活中比較孤單，或是懷念過去朋友們在一起團聚的情景，那些過去與現今周遭的冷漠與虛情假意形成了鮮明的對比，顯得人更加孤寂，潛意識在夢裡便形成了令人討厭的嚴冬。

夢中被人撞到跌了一跤，同時因撞到大樹而失去部分的記憶，實際上反映出做夢者在人性的冷漠面前失去了前進的方向，面對眼前的灰暗而茫然若失。從夢中我們還可以看出做夢者並沒有完全放棄，說明其內心的掙扎和不服輸的個性，或說他本質還是比較積極向上的，內心深處仍然保留著能夠讓他繼續前進的、一些溫暖的東西。

因此，做夢者在夢中並沒有徹底放棄停滯不前，最後發現了彩色的人，跟著他們，直到眼前豁然開朗。

生活心法

學習做一個理性的人，理性地躲避風險，理性地看待自己周遭的人和事。有時候我們並不是得不到想要的幫助，而是自己在遇到困難的時候並沒有請求別人的幫助。

因此要學會敞開心扉，坦誠相待。

根據自我暗示效應，平時要多給自己一些積極的暗示，避免不必要的消極暗示。培養積極的態度，並且讓其成為一種習慣。

還有，不要輕言放棄。不到最後一刻，永遠也看不到最終的結局，努力就會有機會，相反地，如果較早放棄，就算自己擁有潛力，成功也會離我們遠去。所以說，堅強的意志很重要。

09 春天來臨

·夢裡千尋

他聽到了什麼東西融化的聲音，身上有些濕冷，他愣了好一會兒才反應過來，自己正泡在水裡。確切來說，他正躺在一個河床上。水明明是冷的，他卻覺得有些溫暖，睜開眼，能看到朦朧的藍色天空，好像正傳遞著金色的暖流，透過空氣，滲入他的皮膚。

他抓了抓頭，把頭髮撥開，然後站了起來，身體有些重，他好不容易才彎著腰上了岸。

一上岸，那種倦怠沉重的感覺就消失了，甚至連身體也是乾的，不管是頭髮還是衣物，他思考了一下，回頭看了眼，果然河已經不在那裡了，只剩一片綠色草叢。不過，他覺得河流還會再次出現的，在他需要的時候。

吹拂臉龐的風也非常溫暖，就像被母親的手撫摸一般。為了讓那條河再次出現，他決定去尋找讓河出現的理由。

不遠處有座房子，看起來是所學校。

他走進教室。大家都在認真聽課，老師正在黑板上寫著什麼東西，他努力地看了一下，只看到一片模糊的白。他感覺那裡寫了一些很重要的事情，只是他看不清。他打開窗跳了出去，落在一條小船上，而船被一棵樹架了起來。

幸好船上有槳，只要努力划一下他就能在樹頂間移動，目的地是開著滿樹鮮花的另一端。天色漸暗，他希望在天黑之前到達，可是才剛有這樣的想法，還沒划幾下槳，天就立刻黑了起來。幸好樹頂的那些花閃閃發亮，十分顯眼，就算周圍再暗，他也不至於迷失方向。他隱約覺得，只要到了那開花的地方，就能知道黑板上的字在寫什麼。

可是，划了半天船，進展很慢，他突然覺得有點划膩了，煩躁之餘，他從船上翻身而下，從樹頂落到了樹底，他很沮喪。

他感覺樹頂離他越來越遙遠，可是就這麼離去，他心有不甘。他繞著樹邊走邊想辦法，忽而有落葉落在身前，他眼前一亮，踩上了那些落葉，發現可以前進。落葉都很柔軟，踩在上面悄無聲息，它們將他送回船上，隨後融化在夜風之中，等待著被送回大地。

這時，發光的花從樹上流下來，聚成一條河流，他踩進那條河裡，選了一個舒服的位置，躺下來。

水依舊冰涼，而他依舊覺得溫暖。

半夜，他醒來，看見身旁的她。他一直以為她不完全是他喜歡的類型，但是最後他們兩個在一起了。兩人天天都在互相嫌棄，卻直到最後都沒有分手。兩人都不願去想對方對於自己而言是什麼樣的存在。但是，當大家說他倆再相配不過的時候，他心底是微笑的。

・心理印象

水通常代表聯絡感情，夢見水是冰冷的，代表一種冷漠，或是情感上的空缺，同時也代表孤獨和無所依託。但是夢中出現了朦朧的天空和金色的暖流，隱隱約約滲進他的皮膚，讓人感到溫暖，說明做夢者內心有一種溫暖和情感上的彌補，只是這種感覺可能藏得比較深，並不明顯，只是在潛意識中激發了出來。

另外有一種說法，河流本身是流動的水，河流象徵著自然的創造和滋養，人們也常用它來比喻時間與生命的流逝。如果說大海是最終的歸屬，一種無邊無際的廣闊與包容，河流則是生命奔騰的動態過程，代表著生命的熱情。因此，夢中的水雖然冰冷，但做夢者內心卻覺得溫暖。或許潛意識裡，他更能夠好好調節自己的情緒。

夢見草叢，可以說是一種突如其來的驚喜。而學校的出現，代表做夢者想得到一些啟示，畢竟學校是授業解惑的地方，在做夢者的成長過程中，上學一定是十分重要的經歷。

夢見樹木開花，代表了好運和幸福。而這份幸福不是輕易得到的，夢中出現的船隻是通往幸福的方式和工具，還要靠自身的努力才可能達成願望。然而中途做夢者失敗，並為此感到失落和沮喪，一度想要放棄，這反映了心理學上的半途效應。半途效應是指在激勵過程的半途中，由於心理因素及環境因素的交互作用而導致對目標行為的一種負面影響。大量的事實證明，人的目標行為的中止期多發生在「半途」附近，但只要繼續堅持，就可能長久獲益。

做夢者最終用樹葉重新開始努力向上，同時發光的花掉落下來變回了河流，則說明了一種思想的回歸。

生活心法

從生活中更深層地挖掘自己內心的想法，不要被表象蒙蔽。比如愛情，有時候兩個人的爭吵可能也是一種愛的表現方式，不要因為爭吵而煩躁，不必因此而產生誤會，應正視自己內心的想法。當然，最好能夠改變一下相處模式或溝通方式，讓彼此能更深入瞭解對方。

做事情的時候避免半途而廢。很多時候，我們無法輕易獲得某些東西，必須要付出汗水和努力。此時，要相信希望，同時努力調適好自己的心態，珍惜每一次機會，把握每一次機會。

10 炎熱的夏日

‧夢裡千尋

「天哪，太熱了，這不正常，真讓人受不了！哪裡有冰箱，我要衝進去涼快涼快！」

少年一邊拚命發著牢騷，一邊咬著冰棒在跑道上跑著。就快比賽了，自己一天也不能鬆懈。可是這樣的天氣讓他幾乎透不過氣。他想，如果比賽那天也這麼熱，應該會中暑吧？最好所有對手都中暑，那第一名就歸他了。「哈哈哈哈！」他停下來大笑，一不留神，冰棒融化掉到地上。他感覺到周圍有人用詫異的眼光看著他。

有什麼好看的！他無所謂地擺擺手。

經過垃圾桶時，隨手一扔，棍子正中目標應聲而入，他隨即從口袋裡拿出一根新的冰棒。熱天一冰棒，快活似神仙。他口袋裡還有很多，想起來就快活。

就在他正要把那根冰棒放入口中的時候，一隻手從旁邊橫出來搶走了冰棒，瞬間又一陣風似地從他身邊跑過。

那臭小子！少年手指指向那人的背後，忍不住罵著。

他立刻反應過來，是死黨搶走了他的冰棒，於是他半是怒氣半是好玩地向前追著早已領先他小半圈的傢伙。

在這種大熱天裡，這麼拚命地消耗體力，少年的意識稍微有點飄忽，但他依然覺得，能像這樣盡情奔跑是件很美好的事情，就算都要喘不過氣了，還是非常開心。前面那個傢伙一定也是這麼想的，不然他也不會不時回頭看一眼了。或許他在嘲笑自己的速度太慢，不然也不會一臉痞笑的表情。算了，自己已經跑了這麼久，慢一點也是正常的，他開始安慰自己。

「啊——不行了！」他對著前面這麼喊道，就自顧自跑到樹蔭底下，大字型攤開躺平，再跑真的會死人。臭小子叼著冰棒，滿臉得意地過來踢了他兩腳，就差沒嘲笑他兩聲，他回了一腳，不過被對方輕易閃開了。

對方也學他大字型攤平在樹蔭底下大口喘氣。

劇烈運動之後，體溫開始升高，少年突然感覺周圍的熱度也不那麼令人難受了，自己反而有了活著的踏實感。少年摸摸自己口袋裡的幾根冰棒，他笑著決定跟死黨打個賭，「誰跑贏了冰棒歸誰！」他喊道。

醒來，天氣依舊燥熱，他變得慵懶，窩在開著空調的辦公室裡，眼前是無聊透頂的文件和沒完沒了的閒雜瑣事。

人活著怎麼這麼沒意思呢？沒有起伏，沒有驚喜，每天都是同樣的事情。

他回想起自己的學生時代，跟現在比起來，那個時候每天都無比充實。

他想要改變。

．心理印象

十九世紀末期到現在，人們一直在探究情緒與天氣的關係。結果表明，在燥熱的天氣和環境中，人們容易出現情緒暴躁，易怒，甚至暴力傾向。同時，也會出現自尊心或自信心暴增的現象，由此擁有很強的勝負欲。

根據國外的「日常活動理論」，當氣溫超過攝氏二十七度時，人們可能更願意待在家裡，同時內心不免有被束縛住的感覺，潛意識會想要痛快的自由。

夢中，做夢者在炎熱的環境下奔跑，雖然燥熱的天氣暗示著環境的惡劣，但是奔跑則代表了一種自我的突破，也代表了競爭的過程。做夢者口袋中準備了充足的冰棒，是一種替自己降溫的方式，暗示著做夢者對自己情緒的控制。

夢中的少年是喜歡跑步的，這暗示了一種情緒的釋放，即便這種釋放的過程本身是令人疲憊的，說明了做夢者想拋開生活壓力的一種急迫感。

夢中出現的另外一個人，雖然看起來是競爭對手，但實際是他的夥伴。這說明做夢者內心深處不希望工作和生活中存在的競爭關係太過激烈，而是希望競爭對手之間也可以很友好，即做夢者期待良性的競爭關係。

同時，夢中出現的夥伴，也是做夢者潛意識的一種回憶。學生時代與現在的工作狀態形成對比，更表現出做夢者對狀態的不滿，甚至產生煩躁的情緒。

另外，夢中的少年好像透過不斷奔跑找回了自己，並加碼了賭注希望繼續奔跑下去，也代表一種戰勝困難的信心和決心，以及對美好生活的追求。而男子做這樣的夢，更表達一種想要戰勝的欲望，而且比賽本身則代表獲勝的機會。

生活心法

不斷學習，努力開拓自己的視野，以便掌握各種方法，在必要時，能夠採用多種途徑來改變自己的生活狀態。

學會突破自我，勇於挑戰，而不是被現有的環境所束縛。在工作繁忙的時候，我們渴望安逸，但是安逸久了，又會覺得乏味，感覺生活就像一座圍城，其實這是一種正常現象，我們要在不同時期根據自己的情況進行調整，而不是對這種稀鬆平常的現象不停抱怨。

擁有一份勇於擔當的勇氣，在面對社會殘酷的競爭時，能夠做到寵辱不驚。

總之，努力生活，而不被生活所累。

11 吸血的動物

・夢裡千尋

昏暗的街道上沒有路燈，只有新月提供的微弱亮光。她一直在跑，跑過大街，跑過小巷，跑過學校，跑過醫院，在她逃跑的時候，周圍的景致不斷在變化，時而堆滿了大量岩石，時而有砂礫在身後飛過，時而不小心就可能滾下沙丘，時而一停下就會有血紅的雙眼從樹後顯現。

她很害怕，本能地逃跑。並且不斷勉強自己，即使再累也不要停下來，因為後面有什麼東西在跟著自己，那雙眼睛也一直在盯著自己，好像只要一停下來就會被抓住，被撕咬、啃食、吸乾。

她意識到這是一個夢，而且是一個非常可怕的夢，只有夢裡才會出現這麼可怕的怪物，所以她想要醒來。

可是，不論怎麼掙扎，她仍在夢裡。

不明白為什麼會這樣，她狠狠地詛咒著一切，詛咒身後的怪物，詛咒眼前的阻礙，詛咒這個不順心的地方。她明明沒犯什麼錯誤，為什麼要這麼膽戰心驚地逃跑。

地面變成了透亮的玻璃鏡子，她低下頭，驚恐地發現自己的眼睛也變得通紅，而後面的不知名的怪物離她越來越近，在地面的鏡子中，她能看到背後的黑影，是狼一樣的外形，異常高大。

她又開始顫抖著跑了起來，一不小心，腳似乎踢到了什麼東西，整個人撲倒在地，一連翻滾了好幾圈才停下來。等她一回過神來，便看見自己的臉立即黑了白，白了黑，最後變成一片暗紫。

跑不動了，她覺得自己死定了。

那一團高大的黑影已到眼前，她顫抖著，不敢反抗，也無力反抗，只是癱坐在那裡，有如等待審判的犯人。

怪物在黯淡的月光之中圍著她打轉，每一聲低鳴都加深她一分恐懼。

沒多久，那個怪物在她身後停了下來，而她幾乎已經嚇傻了，只感覺自己的瞳孔在不斷放大。

一道勁風從背後撲來。這時，怪物突然發出聲音，化成了很多隻吸血蝙蝠，其中很多飛走了，只留下了唯一的一隻，落在她的肩膀上，她依舊害怕，想要甩開這隻蝙蝠，但是蝙蝠在她身上黏得死死的。她又開始在恐懼中奔跑掙扎，直到累得不剩一絲力氣，倒在地上。這時，透過玻璃，她看見吸血蝙蝠露出鋒利的牙齒，在咬向她的那一瞬間——她被嚇醒，猛地坐起來大口喘氣，內心殘留著那種滿心的絕望，心跳快得彷彿隨時都可能突然停止。

平常開著的床頭燈黑著，如果不是燒壞了，就是停電了。但現在的她根本想不到這些可能性，她只是拚命地嘗試打開床頭燈的開關，似乎不這麼做她就會馬上崩潰一樣。

·心理印象

噩夢，從心理學上看來，如果是偶發性的，可能是因為內心的思想衝突，如果是經常性的，可能是因為心理壓力過大，或是曾經受到過什麼刺激，一直存在心理陰影。

從夢的時間上看，可以把噩夢分成兩類，一類出現於我們睡得很沉的時候，一類出現於將醒未醒時；前者又稱夜間恐懼，後者又稱焦慮夢。

兒童做噩夢的次數比成年人多，因為兒童分不清現實與想像，所以更容易害怕。青少年的噩夢往往是一種努力擺脫父母進而獲得獨立的表現。而成年人的噩夢，往往是由於內心巨大的心理壓力導致。

夢見逃跑，是做夢者內心的一種躲避行為。而在逃跑的過程中，做夢者感覺非常累，潛意識裡說明做夢者處於身心疲憊的狀態。夢見怪物，說明這種疲憊的心理已經造成了恐慌。

夢中不斷出現顫抖、無力反抗、癱坐等驚嚇中的反應，且夢裡有自己死定了的想法，象徵著絕望。反應出做夢者因為過度的驚慌和恐懼，甚至出現放棄自己的念頭。

最後，可怕的怪物化身成很多吸血蝙蝠，且只留下了一隻，說明做夢者有可能因為自身的恐懼而把周圍的危險擴大化，而過分的焦慮使得自己筋疲力竭，這主要是由內因造成的。

吸血蝙蝠生活在非洲熱帶草原上，牠們身體極其小，雖然會吸血，但是並不會致對方於死。在草原上，吸血蝙蝠是野馬的天敵。每次吸血蝙蝠們總是吸得肚皮鼓鼓的才離去。野馬卻被牠們折磨得憤怒至極，到處橫衝直撞，像發了瘋一樣不住地奔跑，狂跳，結果，刺破的傷口流血不止，最終在精疲力竭中死去。做夢者實際是在自己嚇自己，這與野馬有點類似。

生活心法

正視噩夢，不要留下心理陰影。如果自己無法排解，可以多和其他人分享，有時候說出來，自己也就沒那麼害怕。

將人們擊垮的，有時並不是滅頂之災般的大挑戰，而是自己內心的狀態。內因始終起著最重要的作用。因此要端正心態，不要讓外在的環境影響自己。

生命是忙碌的，人的精力卻有限，多投入到自己感興趣和重要的事情上，不要為了虛幻的夢境而影響自己的正常生活。同時，培養自己健康穩定的身心。

12 樹林

・夢裡千尋

在一片蔥鬱的樹林裡，小女孩大大地吸了一口氣，清新的空氣充滿了肺部，就像媽媽榨的果汁一樣清爽，陽光透過樹葉灑落，變成金綠色的光點布滿大地。媽媽說森林裡面有妖精，原來是真的，她現在就看見了幾隻有翅膀的小人，繞著光芒飛舞著。

妖精們帶著她往森林深處走去，這個地方亮晶晶的，乍看之下好像家附近的公園，但是比那裡要美多了。地面鋪滿了五顏六色的水晶石，在陽光的照耀下，樹林變得多姿多采。

樹葉們就像在配合金色的陽光一般沙沙地唱起歌來，嚇了她一跳，但是那歌非常歡快，好像是她熟悉的童謠，她也跟著唱了起來，妖精們也隨著歌聲跳起舞蹈，陽光變得更加閃亮，卻一點都不刺眼。

唱完了歌，小女孩一轉身，就滑下了溜滑梯，她不記得自己什麼時候爬上了溜滑梯，但是她並不在意。溜滑梯很長，甚至有有一點陡，滑起來非常過癮，不過眼看就要滑到底的時候，小女孩有點擔心了起來，因為滑梯的底端並不連接著地面。她抓住兩邊的把手想讓自己慢下來，可惜來不及，她真的飛出去了，一頭栽進了樹葉裡。奇怪的是，雖然她被樹枝扎到，卻一點都不痛。她用手摸了摸，那樹枝軟軟的，像棉花糖一樣，她忍不住咬了一口，「呸」地吐了出去，皺了下眉頭，一點都不好吃，於是她很快就對樹枝失去了興趣，拍了拍衣服上沾到的葉子，站了起來。

此時，妖精們正朝她揮手，她蹦蹦跳跳地朝那邊跑去，希望有更好玩的東西。

跑過一片較矮的灌木叢，她看見好大一個蛋糕。妖精們取來一支叉子，她歪著頭問：「可以吃嗎？」妖精們都對她點點頭，於是她就忍不住朝蛋糕伸出手，插上一口放進嘴裡，可是蛋糕的味道跟剛剛的樹枝是同樣的，她又「呸」地吐了出來，惋惜又氣憤地跺著腳。

妖精們笑著散開了，從這棵樹飛到那棵樹，躲在樹後逗著她玩。小女孩挽起袖子，躍躍欲試，想要抓住這些和她惡作劇的妖精們，自己發了個「開始」的號令，就朝妖精們撲去。

由於妖精們會飛，總會在她接近的時候飛走，然後衝著她吐舌頭，調皮地微笑。小女孩絲毫沒有氣餒，繼續努力抓著他們……

陽光弄得她癢癢的，小女孩在床上咕噥了一聲，就睜開了眼。嗯，今天也是好天氣，要玩些什麼呢？小女孩從床上跳下來，對床上的娃娃露出了自認最好看的笑容。這世上的一切都很新鮮，她今天也充滿了活力。

‧心理印象

樹木高大挺拔，樹林廣袤神祕。像一道巨大的屏障，將已知與未知隔離，當我們深入其中，一邊探索，一邊又小心翼翼。在密林中行走，視覺與聽覺、真實與虛幻、光明與陰暗的對比模糊不清。

在人們心中，森林往往象徵著狂野的自然和不可預知的危險。人們對樹林的畏懼其實是對現實恐懼的轉移，是對自然和自身不夠瞭解。而對於孩子來說，樹林常與童話故事有關，身入其中，常有奇遇發生，更帶有奇幻的色彩。孩子對外在的世界是好奇的，並抱有天真的幻想。在童心未泯的狀態下，內心充滿勇氣和力量。這種力量在夢裡，可以為他們召喚來精靈與護佑。

夢中不斷出現亮晶晶的太陽，多姿多采的光線，象徵著孩子的世界是彩色的，而精靈的調皮則代表了女孩天真爛漫的性格，孩子的眼中，玩耍是人生一大樂事，同時反映出做夢者有一個非常歡樂的童年和非常單純美好的價值觀。

夢見有翅膀的妖精，是做夢者對神祕不可知的世界的一種探索和渴望。夢見溜滑梯，預示做夢者擁有一種無畏的探險精神。女孩在夢裡覺得溜滑梯是刺激和好玩的，代表了她有很大的勇氣。

樹葉和蛋糕不好吃，並且或許是妖精們在與她開玩笑，以及最後她想要抓住妖精，實際上代表了做夢者潛意識希望和神祕的妖精們有所互動，加深瞭解，而就這個夢來說，妖精是奇幻事物的代表，那象徵著做夢者對未知世界的渴望。

從這個夢可以看出女孩的性格是開朗樂觀的，保有孩子的天性，又有著一份堅忍不拔，遇到失敗不氣餒等好的特質。

所謂少年不識愁滋味，大概就是這個意思。

生活心法

佛說：「人生有八苦：生，老，病，死，愛別離，怨憎，求不得，五陰盛。」我們來到世界是一個偶然，也是必然的，人生百歲，恍若一瞬，坐擁生命，我們不能奢侈地揮霍。或許未來的道路艱難險阻，面對困難，我們應該勇敢前進，而非退避三舍。

另外，儘可能保持一顆赤子之心，童真之念。依舊對這個世界抱以好奇，對社會充滿好感，這樣生活得會更輕鬆一些。

可以多和孩子們接觸，不一定要瞭解他們的世界，但是可以感受他們無憂無慮的生活。哪怕只關注孩子們天真的笑容，都是可以治病的良藥。

Chapter 5

瑣碎生活與心靈的警示

著名心理學家佛洛依德曾經說過：「生活是一座無主的寶庫，但不是每個人都可以找到打開它的鑰匙。」生活中每一個細微的表情，每一個瑣碎的動作，其實都跟心理學有關，只是有時候我們沒有發現罷了。事實上，心理學的所有研究都是在生活的瑣碎中尋求答案，人們渴望瞭解自己、掌控自己，所以心理學提供更多的應用於生活當中，成為人們創造更好生活的強大支撐力量。

在古代，心理學往往與巫術有密切的連繫，比如在醫療技術不發達的時期，一些心理學家，或說是充當心理學家的某個角色（譬如巫師），會透過心靈的勸誘和引導，達到治療部分心理疾病的目的。如果未治療成功，則會給人一種心理暗示，比如巫術會告訴病人受到了某一類詛咒，受到了神的責罰，以此來維護神權和巫師的地位。另一方面，心理學被廣泛應用到軍事領域，比如中國兵家鼻祖孫子講究「不戰而屈人之兵」，即攻城為下，攻心為上，三國時期諸葛亮的「空城計」就是其中一個非常典型的心理戰術。

現代，隨著社會心理學的發展，心理學的觀點更普遍地運用於我們的工作和生活當中。在社會發展的大環境中，越來越多的鄉村子弟去到城市，而城市居民在鋼筋混凝土的高牆內，越來越感受到人際冷漠和世態炎涼。人們時常表現出一種「旁觀者」心態。受到情境的影響，可能有人怕幫助別人會給自己帶來麻煩，有人會擔心自己是否多管閒事，認為別人或許並不需要幫助。出於自我保護的心理和歸因時產生的錯誤認識，導致人們逐漸缺乏愛心，以及缺少對他人的信任。

當然，生活中不完全都是負面資訊，其中也有很多令人身心愉悅的一面。比如，清晨醒來，看到陽光透過窗簾灑滿屋子，留下一地的溫暖，這時你打開窗，可能會看見有很多鴿子盤旋在你的頭頂上空，飛過你的屋子，留下一片自由的氣息，或許有一陣清風徐來，讓人感受到花香從不遠處飄過來，沁人心脾。從這樣習慣性的瑣碎動作裡，我們可以輕易察覺到心理活動和內心的感受。

這其中，陽光、鴿子、花香是客觀存在的外在事物，而溫暖、自由、沁人心脾則是我們內心的感受。我們所「看到、聽到、嗅到、感到」的，就是心理學講的「感覺和知覺」。這種情感上的感悟和內在的心理活動，會影響我們一整天的心情和工作效率。長此以往，這種暫時的心理現象會演變成穩定的心理狀態，所以，願意感受世間美好的人們，通常會感受到更持久的快樂。

有時候，生活充滿矛盾。比如一個關掉鬧鐘賴在床上不想起來的男子，他一方面想要滿懷理想努力工作，另一方面又覺得身心疲憊，這樣的人，心理學認為是原則性不強的，比較隨性，但是卻不能因此否定他的積極性。又如一個不肯去學校上學的孩子，或許他很願意到學校學習知識，認識新的夥伴並跟他們一起玩耍，但是另一方面，來自家長和老師的過大壓力，或是他在學校遇到了什麼挫折，使他不願意去學校。

從心理動力學的角度來說，一個人只有在所做的事情中找到喜悅感、成就感，才會產生做事情的動力，也就是我們平常所說的因為喜歡而主動去做某一件事，以及對愛好的事物充滿了興趣。畢竟從事喜歡的事物，才更容易找到自信。

不論遇到生活中的哪一類情境，大到社會層面，小至個人生活，或是某一個行業、某一個領域，我們都能夠看到心理學的影子。就像哲學是源自生活一樣，心理學研究，往往也都源自生活。

那麼瑣碎的生活夢境呢？其實很多時候，夢境不都是光怪陸離的場景，更多時候是呈現出我們生活中的景象。有時候一覺醒來，並不記得完整的夢，只會對某些十分深刻的部分記憶猶新。其實夢中的生活場景也反應了我們潛意識真實的想法，尤其是我們記得的部分，往往是內心深處體會非常深刻的，或是潛意識裡的一種願望或渴望。

很多心理學的效應同樣適合解釋夢境，尤其是一些心理暗示。比如某人近期因為公司一次的內部競聘失敗，因而產生一種「酸葡萄」心理，可能會產生一種心理暗示，告訴自己那個競聘的職位不一定比現在的更好，說不定有一個非常嚴厲的主管，而自己剛好不喜歡這樣的主管，這種將自己努力去做卻沒能得到的東西說成是「酸」的、是不好的，可以緩解一些我們的壓力，給自己找個理由接納現在的事實。

如果這種想法比較強烈，或許就會在今後的夢裡有類似的情形發生，也許是過於誇張的，也許是夢中有了相反的結果，也許並不是夢見競聘，而是透過其他沒有預料的夢境反映出類似的心理。

因此，瑣碎的夢境有可能帶給我們深刻的人生道理，拋開一些古老的說法，多從心理學的角度去考量，說不定會有柳暗花明的頓悟，並給我們日常的生活和心理活動帶來更多合理的解釋。

01 遲到

‧夢裡千尋

怎麼辦，怎麼辦，怎麼辦！

他繞著鬧鐘來回打轉，十分煩躁。同時，他清楚的聽見秒針正毫不留情地轉動著，聲音滴答滴答，非常清晰，清晰得讓人覺得恐慌。

時間提醒他必須要趕緊出門去趕一場約會，這個約會很重要，他發現應該已經遲到了，但是他猶豫，心底一個聲音告訴他，遲到不如不去，可是如果真的不去，後果會很嚴重……於是，他帶著鬧鐘衝出了家門，如果能出現奇蹟的話，說不定還是能趕上的……

出乎他意料的是，今天路況特別好，車不多，而且都在龜速爬行，車和車的縫隙間有提著大包小包的行人穿行於其中，最重要的是，無人理會他在大馬路上狂奔，他覺得自己不停地閃過每一輛車每一個人，姿勢十分炫麗，又誇張得像拍電影，如果要給自己打分數的話，他一定會打一百二十分。

不過跑著跑著，他發現車越來越多，儘管依然都龜速前進，並不會發生什麼撞到他的事故，可越來越多的車子就像螞蟻一樣擠滿了路面，最終形成了他最不願意看到的局面——就算踮起腳尖也擠不過去，他憤怒地用腳跺了下地面，又忍不住踢了身旁一輛車的車門，司機探出頭來對他叫罵，但他毫不理會。大家是要一起來全力阻止他赴約嗎？他想。

他被夾在兩輛車之間動彈不得，因為一下子也想不到該做什麼，他想起了自己手上的鬧鐘，他努力抬起手看鐘，發現已經到了約定好的時間。他越發煩躁，真心希望這些車可以立刻都滾開，給他讓出一條路。他甚至想罵人，哪怕罵一罵車門也好。

可他知道謾罵起不了任何作用，他努力想著突圍的方法。他不明白自己究竟為什麼要這麼拚死拚活呢？就只是一個約會而已，無關他一輩子的幸福，甚至覺得他得不到什麼好處，可是他現在卻為了赴約而被夾在兩車之間。

就在他這麼糾結的時候，車門喀噠一聲掉了下來，砸在地上。嚇了他一跳。在他沒看清楚怎麼回事時，周圍車子的車門都開始紛紛掉落，喀噠聲多了，湊在一起就變成了巨響。過了一會兒，車門竟開始慢慢融化，融入柏油路面，連同裡面的司機和乘客都不見了。

意識到這一點的時候，他身邊的車輛也都跟車門一樣開始融化，融入地面。頓時，路面完全乾淨寬敞了，只剩下他一人。

他抱著鬧鐘站在灰色的馬路中央，有些呆若木雞。真可謂計畫趕不上變化，他剛剛還在抱怨著，結果大家瞬間就消失了，為他開出一條路來。

他低頭看了一眼鬧鐘。果然已經遲到了。

・心理印象

夢見遲到，可能是做夢者在生活中，面臨著一項重要的事情，因為擔心來不及完成而產生焦慮心理；或是害怕現實中遲到而產生出了擔心的情緒；也可能是做夢者在現實生活中處於某種壓力之下，而這個夢境在提醒做夢者要審視自己的生活，究竟是什麼原因造成長期緊張，是不是對自己的某些想法或做法不滿意，亦或是對生活有過高的要求導致自己力不從心，以及是不是內心渴望別人的信任卻又缺乏別人的認可等等。

另外，夢見遲到還可能暗示著做夢者在現實處境中沒有信心能把握出現的機會，認為自己會受到阻礙，或反映了對自己所做的事情抱持一種否定的態度。也有一種說法是，夢見遲到，是在提醒做夢者在日常生活中擔心自己許下的承諾不易實現，或在潛意識裡告誡自己不要輕易許諾。

夢境的開始暗示了做夢者一種糾結又焦躁的情緒，鬧鐘有警醒的作用，提醒做夢者還沒有完成的或必須要做的事情，而夢中做夢者還是決定去赴約，說明了內心還是不甘就此放棄。

夢中，做夢者雖然在抱怨，但是一直沒有放棄，而且不斷地想辦法趕時間，這類夢境一般反應做夢者的責任心比較強，對自身的要求較高，以及對事業和生活是有所追求的，這樣的人往往希望自己能夠獲得更好的成就或更高層次的生活。但是，夢中剛開始道路平順，但逐漸有很多車輛阻擋了他的去路，令他不能前進，也暗示了做夢者在現實中的實際情況並不是像所期待的那樣順利。

而且，夢中的阻礙也說明在做夢者的潛意識裡，對工作和生活是感到壓抑的，這種感覺可能源自外在的壓力，也可能是內心對自己不滿意。

另外，車輛的阻礙也可能是害怕自己達不到某種目標，潛意識想要替自己找一些藉口。最終這些車輛莫名地消失，暗示藉口都是外在的，自己終究是遲到了，說明內在原因還是具有決定性的作用。

生活心法

學會過真正的好人生。記得曾經有一篇故事，一個女孩在上學期間學習成績良好，但並不特別優秀；工作中穩步求進，卻不特別突出；另外，她的家庭也不特別富裕，生活也不特別優渥。但是她很享受這樣的日子，並稱之為「理想人生」。

這種生活應該是愜意的，一方面有著積極向上的態度，另一方面又沒有過高的要求和太多的壓力。因此，我們不妨嘗試過個這樣的理想人生，而不是一門心思希望自己多麼卓爾不群。隨喜自在，才能享受生活的樂趣。

02 車庫

·夢裡千尋

他一向對自己的停車技術很有自信，每次都能停得剛剛好，不管是在什麼情況下。

但此刻卻並不順利。下班開車回到地下車庫後，意外地發現車庫裡非常空曠，雖說平時車位也沒有很滿，但像這麼空的時候還是很少見，突然覺得有些冷清，但是也只是一瞬間的想法而已。他像往常一樣停好車，打開車門，看到自己停在了兩個車位中間。他猛地脹紅了臉，小心翼翼地四處張望，確定周圍沒什麼人才稍稍安心。「真夠丟人的。」他碎念著。心想，這大概就像有個足球飛過來，自己卯足勁帥氣地飛起一腳，卻踢空還摔了個狗吃屎的感覺吧？無奈地搖了搖頭，他悻悻然坐回車裡，插鑰匙，啟動引擎，重新停了一遍，這回他死盯著後視鏡，很確定自己的確已經停好了，才心滿意足關掉引擎，打開車門，咦，怎麼還是沒有停對地方？

這回他對自己有些惱羞成怒了，抓了抓頭，又再度憤憤地坐回車裡，狠狠地拉上門，對他來說，這不是技術問題，而是自尊問題。副駕駛座上，他老婆正在嘮叨著什麼……他感到奇怪，老婆什麼時候坐在這裡的？他下班後明明是自己一人開車回家啊！他正忙著倒車停車，沒太仔細想這個問題，僅僅有一瞬間的疑問。

他開出去，倒進來，開車門，關車門，再開出去，再倒進來，如此反覆著。他突然察覺自己還聽到了十分熟悉的孩子的哭聲，那是他的孩子。

原來老婆孩子都在，那他就更不能丟臉了，他覺得丟不起這個臉。

他拚命盯著車位線，完全沒有留意周圍，甚至不知道自己的車前面是什麼時候又出現了另一輛車，剛好堵在前方。他狂打喇叭，憤怒地大喊：「搞什麼鬼？會不會開車啊？」前面的車卻絲毫不動。

他懷著滿腔不滿，再度下了車，順便抬頭看了一眼周圍。

這一看嚇了一跳，不知什麼時候，車庫裡已經完全停滿了車，滿到都要溢出來了，不光是車位，連車道上也停滿了各種車，小型的私家轎車、中型客車，甚至還有大型卡車，混亂之中，他下意識地瞄了一眼自己車內，老婆不在副座上，孩子也不在後座上，就好像從一開始就只有他一個人。

他一個人被堵在這個車庫裡，往前不是，往後也不是，既沒有停好車，也沒有辦法下車。

他幾乎是掙扎著醒過來，發現自己從床的一側睡到了另一側。

·心理印象

車庫代表一個環境，從環境心理學的角度講，車庫的空間環境與人的行為有著密切的連繫。一般來說，人的視覺習慣抓住某一個重點，形成整體印象。人的視野不能有太多的阻擋，也不能全完一覽無餘。過於擁擠的環境容易造成一種煩躁的情緒，同時會因為阻擋而使人輕易失去方向感；而過於空曠冷僻的車庫環境又容易使人產生一種不安全感。

心理學認為，「認知」是一種當感知過的事物再次出現時，覺得熟悉並確認是以前感知過的事物的心理過程。作為環境與人的交往傳遞機制，認知是關鍵。夢中，做夢者始終認為自己是能夠停好車的，並且在停車失敗的時候感到臉紅和丟人，怕別人看見，說明做夢者的自尊心很強，而過度的自尊心是一種虛榮的表現。而屢次停車失敗，則暗示做夢者的思維存在盲點，也可以說是一種認知上的偏差，提醒做夢者要重新審視自己。

夢中出現的老婆和孩子，可能僅僅是一種幻想，代表一種不耐和催促的情緒，有時夢中會出現這種自潛意識化現的、似有似無的景象，實際是做夢者內心情緒的反應。

另外，從夢境我們還可以看出，做夢者有些過於沉迷在自己的世界裡，看不見周圍環境的變化，以至於看到車庫的車由少到多再到擁擠的情況，他是十分詫異的，而對於這種變化阻礙了自己的停車行為，做夢者的反應是消極對抗的，表現為強烈的抱怨和謾罵。還有一個說法，認為車庫代表的是職場和工作環境，而車位和車暗示了不同的地位和權力。那麼，如果在現實生活中，做夢者在職場或工作環境中也是秉持這樣的態度而不顧周圍，那很容易最後把自己逼進一個死胡同，就如同夢裡，最後他自己一個人被堵在車庫裡。

生活心法

首先要排除先入為主的觀念，即便在自己十分熟悉的事務上也是可能出錯的。因此，要時刻提醒自己務必負責和謹慎，尤其是在工作中。面對錯誤和失敗要勇於面對，不要被虛榮心蒙蔽，否則很難進步和突破自我。

其次，要多留意周圍環境的變化，把自己放置於變化當中，並讓自己儘快適應環境。沒有環境是一成不變的，如果自己不能與時俱進，就只能停滯不前。

切記，不要只活在自己的世界裡，將失誤都歸究於外在，否則將一事無成。

03 辦公室

・夢裡千尋

她是一個上班多年的資深員工，每天上班，回家，兩點一線，幾乎沒有什麼其他的活動安排。唯一的樂趣，大概是幫某大型線上遊戲的平臺寫寫玩家心得。

「辦公室陰沉沉的，都沒有陽光照進來。」她將幾乎整個身子斜躺在辦公椅上，瞇著眼睛，一隻手還握著滑鼠點擊某個表格，她想集中注意力，卻發現這很難。

「我們辦公室不是常年都不見陽光嗎？方位問題，這很正常，妳還沒習慣嗎？」旁邊的同事隨手拿起杯子喝了一口熱茶，不急不徐地應著。

她沒有再回應，只是看了她同事一眼，漸漸直起身子，環顧整個辦公室，大家都沒有在忙，她覺得每個人臉上的表情都差不多，都是懶洋洋的。她想，大概大家和她一樣，工作都沒有什麼效率吧！

她一邊神遊太虛，一邊心不在焉地敲著鍵盤。突然間，鍵盤上的按鍵彈了出來，甚至彈到了她的額頭上，感到疼痛，她先是愣了一下，隨即在心裡不屑地嘀咕著：公司的東西就是不好用。她問了問同事還有沒有多餘的鍵盤，但是對方好像沒聽見她說話一樣，一直在忙自己的事。無奈之下，她勉強繼續使用缺了一塊的鍵盤，必要的時候拿起滑鼠，將電腦輸入法調整成了螢幕手寫。

太麻煩了，於是工作效率越發低落了。

逐漸地，她感覺到周圍也有很多無奈嘆氣的聲音，她看見對面的同事一直在修改什麼文件。看來大家也都和她一樣，沒心思工作，任務完成率非常低落。

她想，「要不就休息吧！」於是，大腦沒有想太多，握著滑鼠的右手直接把電腦關機了。

「鈴～」

此時，下班的鈴聲響起。此時她聽到的鈴聲十分悅耳動人，這時，周圍也有了很多雜亂的吵鬧聲，不是很吵，卻因此而不再聽見之前的嘆氣聲了。原來大家也和她一樣盼望著下班呀！

她迅速站起身，揹起包往外走，到辦公室門口時她停了一下，偏著頭問了問身後的人：「怎麼樣？工作煩躁，很不想上班吧？」

「還好。」對方簡要地回答。

「哦，這樣啊！」她頓了頓，又接著問：「那，工作很難吧？今天的進度都完成了嗎？」

「早就完成了啊！」那人抬頭看了她一眼，隨即出了門。

她愣住，轉過身，忍不住開始一一問起其他的同事，大家的回答都和出了門的同事如出一轍。

原來，是她想錯了嗎？

・心理印象

心理學上有一種很常見的投射效應，是指在認知時，認為他人也具備與自己相似的特性。人們在日常生活中常常不自覺的把自己的心理特徵，如個性、好惡、欲望、觀念、情緒等，投射到別人身上，認為別人也具有同樣的特徵。例如：自己自我感覺良好，就認為別人也都認為自己很出色；又如一名老師擬了一個研究課題，研究方向是她自己感興趣的，她認為她的學生們也都喜歡這個方向的課題……

夢境中做夢者的反應就表現出了這種投射效應。她因陽光無法直射進辦公室而產生了消極的情緒，而她以為辦公室裡的其他人也和她有一樣的情緒。她自己工作效率低落，也認為別人工作效率同樣不彰。這種推己及人的情形，實際是一種心理盲點。她想像著別人同樣有那種消極的情緒，產生一葉障目的心理，自欺欺人。

另一方面，也反映出做夢者感覺到工作上的壓力，或許她內心希望自己的工作效率有所提高，或是希望他人不要那麼出色，以求自身的心理安慰。

另外，夢中的她與同事們工作狀態上的偏差是很明顯的，雖然她按照自己的意志，認為大家和她一樣。同事的成功與自己的失敗形成對比，反應出了做夢者存在一定的嫉妒心理，也可能因為這種心理，潛意識裡希望他人的狀態和自己相似。

此外，她缺乏良好的抗壓能力，尤其是夢中鍵盤損壞，影響工作進度，其實也代表了一種情緒上的反應。透過與同事對比，反應出做夢者有一點不知所措的感覺，這種感覺不一定十分強烈，但往往內化於心。

現實生活中，做夢者可能會有一廂情願的主觀意願，只是單方面地想要達成願望，不考慮客觀實際情況。

生活心法

正常人都有不甘落後和不想被人超越、渴望成功的心態，不要因此而感到內疚。正因為人們有這樣的心態，人才能為了守住自己擁有的東西而不斷努力進步。因此，要正視這種心態，不要盲目的否定。

另一方面，如果感覺到了壓力，要想辦法將這種壓力轉變為動力。送給各位一句話：不求成功在我，但求無愧於心。

另外，注意培養自己正確的分析和理解能力，我們總是只想看到自己想看到的一面，所以在分析事物的時候容易太過主觀。可以允許一時的判斷失誤，但是要避免長時間的主觀臆斷。

正視不太美好的現實，敢於接受挑戰和競爭，並享受這個過程吧！

04 繁忙的城市

・夢裡千尋

嘀嘀嘀嘀嘀……

車門正在關閉，一個身材健碩的男子在千鈞一髮之際擠進了車廂，車內人潮擁擠，他硬是把自己擠進去。

他不斷提醒自己要趕時間，所以不得不在大清早跟打仗似的忙碌著。他一邊在熙熙攘攘的上班人群中努力護著自己的公事包，大腦一邊飛速運轉，思考今天有什麼事必須馬上解決。要見客戶，要追進度，要寫報告，還要主持新人培訓……突然，他覺得頭隱隱作痛。

在擁擠的車廂裡，他感覺自己受到了洗禮。好不容易到站，他走出了捷運站，抬手看了一眼錶，九點了，他還什麼都沒做呢！照理說這個時間段應該沒什麼人了才對，沒想到還會這麼擁擠。晚上大概也是一樣，雖然他一向加班，但是他感覺自己不是孤單的，陪他一起加班的人一定還有很多，雖然彼此都不相識。不過，大家都是苦力，被生活追著跑的苦力，他如此想著。

他走到公車站，還要坐兩站。月臺上已經站了很多人，又是一個擁擠的地方，和往常不同。接著他露出了又驚訝又無奈的表情，因為他聽見旁邊有引導員說，他要乘坐的那班車發生故障，目前僅半小時一班，距離下一班車預計還有十五分鐘。

十五分鐘……他下意識地小聲叨念著，又抬頭看了看錶。果斷地放棄乘坐公車的想法，幾乎飛奔著跑到路口，攔了一輛計程車。

坐在車裡，他開始漫無邊際地想些事。他希望不論早晚，每分鐘都有車，每天能夠早點回到家，簡單地吃飯洗澡，然後倒頭大睡……可就連這種簡單的想法似乎都很難實現。

司機開得很快，好像知道他在趕時間，事實上他上車之後除了報地址，並沒有說其他的話。臨下車的時候，司機突然對他說，他自己本來有很重要的事，要不是因為男子的目的地近，是不會讓他上車的。

付了錢下車，男子環顧了一下街道，發現人們來去匆匆，大家都很忙碌，而川流不息的車輛似乎也比以往的速度更快一些。難得不堵車，卻顯得城市越發忙碌了。

這麼想著，他轉過身，迅速衝進了公司，背景逐漸消失在外表看來十分嚴肅的大樓裡。

・心理印象

忙，成為了現代人時常掛在嘴邊的詞彙。

所謂忙，左心右亡，並不是真的讓心臟走向死亡的意思。但是忙碌，確實容易使各種心理困惑接踵而至，在人際關係、情感的處理，以及自身心理調適方面可能過於草率而出現危機。

但是這並不是忙碌的全部解釋。

上述的夢境，做夢者處在一個十分忙碌的環境當中，他自己的時間也安排得十分緊湊。夢裡呈現出做夢者心境的變化。起初，擠捷運，做夢者不太適應擁擠的人潮，潛意識裡覺得不應該這麼擁擠，說明在現實生活中，做夢者感覺到忙碌帶來了壓力而非充實感，他渴望能夠放鬆。但是夢中的他情緒並不偏激，說明做夢者內心還算可以接受現在所處的狀態。而後他為了節省時間選擇搭計程車，也說明他很有責任感。

夢中公車發生故障，暗示了生活中的一些不可預見的變化和困難。我們常常因此耽誤時間，浪費精力，但是根據夢境，反映出做夢者並不是一個坐以待斃的人，面對困難時往往願意積極尋找解決的方法。

最後，夢中出現忙碌的人群和車輛，也暗示著做夢者並不是孤單一人，忙碌的城市造就了一個個忙碌的身影，他只是其中之一，沒有什麼特別之處，所以也不必有太多的抱怨。做夢者潛意識裡非常能夠認清這一點。而做這類夢的人大多都能說服自己適應環境，並且及時調適自己的心情，且比較理性。

心理學認為，人們都有一定的適應性，在同質群體，尤其是同質的外群體的刺激和影響下，人們會提高自身的適應能力。（外群體是指非自己隸屬的群體，研究表示存在一種外群體同質效應，顯示出人們對外群體會更有社會認同感。）因此，夢境中的忙碌的城市，暗示了做夢者最終能夠、至少願意去適應自身周圍的環境。

生活心法

現代人要學習克服從「忙」到「茫」的心理。

面對生活，忙碌是不可避免的。重要的是，我們要有一個清晰的目標，讓我們知道在忙什麼，要達到什麼目的，忙碌地做一件事情有什麼重要的意義。弄清楚這些，忙碌便是充實的，而不是在浪費時間。如此一來，即便因為忙一件事而不得不放棄另外一件事，我們也會認為是值得的。而且，多做有意義的事情，忙碌的心會變得平靜。

另外，學會合理的計畫，做到忙而不亂。充分利用手機的備忘錄功能，為自己要做的事情按照一定順序進行排序。同時，學會團隊合作而不是單打獨鬥，這樣可以讓自己的效率變得更高，還能得到意外的收穫。

05 交通工具

・夢裡千尋

前面有一大排飛機，他拖著手中的行李，圍著這些飛機轉了好幾圈，好不容易才確定這些都不是他要找的飛機。就快到登機時間了，他有些著急。

就在他正煩惱著的時候，他聽到了自己的手機鈴響，但聲音並不是從自己身邊發出的，他下意識地抬起頭尋找自己的手機，同時看到了遠處還有幾架長得一模一樣的飛機，他覺得自己要找的那架飛機一定就在那裡面。於是再也顧不得要找手機，就迅速地朝那些飛機跑去，這些飛機看起來離他很遠，他卻意外地立刻就跑過去了，並且隨便挑了一架奔了進去。

他一踏進機艙，門就關閉了，彷彿這架飛機就是專門在等他一般。飛機上沒有人，而他又尋找自己的手機，可惜的是，他翻遍機艙，也沒有找到類似手機的東西。他叫來了一位美麗的空姐，詢問了時間，空姐微笑著回答他，並附帶說出了這架飛機的型號和目的地是哪裡。這時他終於意識到，自己上錯了班機。然而，飛機已經在萬米高空之上，無法隨時降落。他打開行李箱拿出了降落傘，但是覺得太麻煩又收了起來。

抱著「既來之，則安之」的想法，他決定在這架飛機上乖乖待著，他覺得這樣最省事。他在最大的座位上躺了下來，坐墊是固定好了的雲，比窗外那些雲要柔軟，這麼一想，他覺得留下來也不錯。

在機艙裡，他幾乎感覺不到時間的流逝，聽空姐的說明，貌似機艙裡的時間流逝確與外界不同，他瞪大了眼盯著機頂，機頂開始變成透明的，閉上眼過了一會兒，機頂又恢復原樣，再重新開始瞪，藉此打發時間。每當機頂變得透明，就會有迷路的雲掉進來，落在他身上，很舒服。

就在他快被雲埋住的時候，他感覺到飛機落地時特有的那種輕飄飄的顫動。他撥開身上的雲準備下機，想起來還要找到手機才行，不然他不知道時間。

雲漸漸地散去了，他這才發現，剛剛被白雲覆蓋著的地方，底下全都是黑色的老鼠，他立刻慘叫了起來，空姐聽見他的聲音探出了頭，彷彿早就預見他會有如此的反應，回答道：「冷靜一點，這裡的城市，都有老鼠的。」

男子卻搖頭。不斷地搖著，然後，突然醒來。

・心理印象

心理學家認為，夢見飛機有三種解釋，一是由於飛機是一種較為昂貴的交通工具，因此代表了遠大的理想或是長遠的目標，而這種目標是不易實現的，需要付出昂貴的代價。二是象徵著做夢者想要暫時離開自己所處的環境，遠走高飛，或意味著拋棄舊的生活，開始新的旅程。三是飛機往往與思想創新連結在一起，因為它是新型的交通工具。飛出去，代表思想上的自由和無阻礙的意識。

夢中，做夢者先是找不到自己要搭的飛機，之後又上錯飛機，暗示做夢者的目標混淆不清。而時間上的緊迫性說明了做夢者行事上的被動，這也與目標的不明確與失序性有關。但是做夢者在夢中並不急著下飛機，說明做夢者內心有隨遇而安的特質。白雲本來也有安逸、隨性的意涵，夢見白雲落在自己身上，說明做夢者渴望愜意自在的生活。而感覺不到時間的流逝，是對這種愜意感的留戀。

在西方文化裡，老鼠尤其代表了疾病、困難、汙穢。夢見老鼠，暗示著做夢者現實生活中遇到了困難。也提醒做夢者擁有白雲落身的愜意不過是表面現象，揭開表面，底層露出來的是陰暗的、令人感到恐怖的困擾。

也有一種說法，說黑老鼠是拒絕的象徵。做夢者可能正處於一個相對劣勢的環境中，而且由於夢裡飛機沒有其他乘客，空姐似乎又對老鼠的事習以為常。暗示做夢者的想法無人分享，有問題的時候也很難得到他人的幫助。但是可以看出，做夢者的內心渴望得到幫助，也樂於向他人詢問的。

生活心法

我們可以擁有遠大的理想，但是這個理想必須是透過努力能夠實現的，而不是虛無縹緲空想。因此要制定合理的目標和規劃，形成一個完整的方案。這種方案不可死板，應該充分考慮外在環境，並結合自身的實際情況以及喜好來制定。目的，自然是夢想的實現。

遇到意外情況要化被動為主動。我們要掌握主導權，避免猶豫不決或徬徨迷惑。同時，也需要給自己一點時間，去思考、完善自己的目標和計畫。然後一步一步腳踏實地進行，同時避免畏首畏尾。目標確定，就大膽的向前衝。

困難不可怕，只要有信心。因此，要樹立和培養自己的自信心，並且隨時都要準備好解決問題的各種辦法。

06 運行中的電腦

．夢裡千尋

晚上，一個值班老頭身穿藍色工作服在網管的辦公室裡走動。剛剛一位主管打電話來，要他去幫忙看顧那些設備。

黑色的螢幕上閃著綠色的字母，就像在諜報片或科幻片裡經常會見到的那種畫面，說實話，這種感覺很不好，簡直就像這機器壞掉了一樣，而且這個地方什麼也沒有，只有一台放在桌上的電腦，似乎正煽動他人的不安，感覺就算是突然爆炸，也不會有人發現的。

此時此刻，螢幕上依然無聲地變換著顯示字母，它究竟是在演算？解碼？還是單純只是不停隨機顯示字母呢？老頭心裡研究著，他很想弄明白是怎麼回事，但是十分懊惱地發現，自己對電腦一竅不通。不過畢竟只是一台機器，不能指望它會自己思考，肯定是有人下了什麼指令，機器就乖乖聽話，獨自運行著，沒有任何多餘的行為。老頭想著。哼，也沒什麼了不起的。

電腦持續運行，很久很久，久到令人奇怪它怎麼還沒出錯，還是說正是因為它已經出錯了，才會像這樣一直不停閃著字母？老頭又開始好奇起來。

周圍光線突然亮起，像是有誰開了燈，亮閃閃的螢幕也因此變得不那麼刺眼了。不過，即使周圍變亮，螢幕上的字母還是霧濛濛的一片……到底是在運行什麼樣的程式呢？到了這個地步，老頭更加好奇了。

稍微靠近點看看吧！

靠近了才發現，螢幕上顯示的根本不是什麼字母，而是一堆……很難形容到底是圖片，還是文字的東西。機器彷彿在回答這個疑問一樣，畫面停滯了數秒，但隨後就又恢復了之前那種閃爍的狀態。就算它停住了，老頭也看不懂是什麼含義。

桌邊不知什麼時候出現了一張椅子，那張椅子自己飛了起來，朝螢幕砸去，螢幕被砸落在地上，卻絲毫無損，就連一丁點刮傷也沒有。同時，椅子不見了，也沒有什麼東西再朝那螢幕砸去，主機安靜地待在桌子底下，電源燈明明滅滅，周圍就像在回應電源燈一樣，亮了又暗，暗了又亮。

這麼來去幾回，不知不覺中螢幕又回到了桌子上，簡直比眨眼還快。它還在持續地運行、運行、運行，然後又被什麼東西撞落地上。

老頭突然醒來，有點茫然。他一直認為自己是很聰明的，不該普普通地過這麼一輩子，他老是這麼自誇地的和別人說著，但是在他人眼裡，他一無是處……

．心理印象

人們對自己不熟悉的事物往往充滿了好奇，在百思不得其解的時候又會對其失去耐心和興趣。夢中的老頭可能由於年紀的原因，對電腦並不熟悉，於是對其運行原理產生了好奇心理。

好奇心能夠激發一個人的學習動力。以羅傑斯為代表的人本主義心理學家，十分重視情感因素在學習中的作用。好奇心作為一種內在動機，既具有認知性特徵，能夠引發個體的探索行為，又具有情感性特徵，可以使個體從探索中獲得愉快的體驗，但是，如果遇見的結果與個體預期不一致，個體往往會感到出乎意料，感到困惑、緊張、不適，也就是心理失衡。

夢裡一開始出現的畫面給人感覺不太好，就是一種心理失衡的表現。只不過做夢者有自己的目的，他希望自己能夠看清機器上面的字母，暗示做夢者在面對自己想做的事情時可以全神貫注，但是也反映其太鑽牛角尖，對超出自己能力範圍的東西太過執著，往往會產生挫敗感。

但是做夢者自始至終都非常想看清楚螢幕上的字母，這也暗示了做夢者在現實生活中可能出現強迫症。夢中有許多無明確意識的強迫症表現，雖理解到這些想法或衝動都源於自身，但始終無法控制。直到外在的什麼東西砸向螢幕，也沒有收回做夢者想要滿足自己強烈好奇心的欲望，反映出做夢者內心深處存在矛盾心理。

另外，做夢者想要弄清電腦運行的原理，實際是想證明自己是有能力的，不是像他人說的那樣一無是處。或說在潛意識裡，他十分在意別人對他的看法和評價，並且想要得到一些改變。但是夢中的老頭終究還是不懂電腦，說明他對自己的要求過高，甚至有些不切實際了。於是，在不能證明自己的時候，他想要破壞。但是電腦被砸落地上後並沒有損壞，這提醒做夢者，改變還是要從自身做起。

生活心法

做夢者需要學會分析自己內心的矛盾衝突，增加適應環境的能力，重塑健全人格。鼓勵自己逐步面對可能引起強迫思維的各個情境而不產生強迫行為，遠離強迫症的困擾。

但同時，可培養自己適當的好奇心，認識自己的認知需要，並充分瞭解自己的不足和潛力。如果想要改變自己，可以嘗試多學習。現在很多社區大學都開設了老年學分班，可提供老年人學習豐富的文化知識，擴展視野，與時俱進。所謂活到老學到老，學習什麼時候都不嫌晚，只要肯行動，就不會受人非議。

因此，不需要自怨自艾。

07 可愛的動物

・夢裡千尋

女孩放學回到家，把書包放在椅子上，拿出作業本翻看了一遍，確定自己在學校就已經把作業寫完了，微笑著輕呼了一口氣。然後出門，來到了家後面的院子。

院子裡有一顆蘋果樹，她並不太愛吃蘋果，但是她喜歡坐在樹下看周圍的風景，以及來來往往為數不多的人。

隔壁的女孩邀請她一起去公園玩，她知道那個地方，但是她拒絕了，不是她不想去，而是覺得兩條腿很瘦，幾乎走不動了。她總是這樣，所以錯過了很多和其他夥伴們一起玩耍的機會，這一度讓她很沮喪，就如同現在的感覺一樣。

突然，她發現樹下有一個樹洞，她覺得很奇怪，因為以前並沒有發現這個洞，直覺告訴她裡面有什麼東西。於是她半趴在地上，伸手使勁在裡面探索。突然，摸到了一個毛茸茸的東西。

她吃驚的迅速縮回了手，但是想了想，又再次嘗試伸手進去。等再一次摸到了茸毛，她試著停了一會兒，接著感覺到溫暖。她開始有些興奮，將身子趴得更低，雙手使勁伸進洞裡，往外掏著。

終於，女孩滿臉沙土地抬頭，手裡抱起一團毛球。

那團毛球有著雪白的顏色，一抬頭，原來是一隻非常漂亮的小狐狸。

她非常開心，她喜歡這隻小狐狸，直覺告訴她，這隻小狐狸今後就是她的玩伴，可以代替其他小朋友們，讓她遠離之前的孤獨和寂寞感。她甚至給這隻小狐狸起了一個自認為非常好聽的名字，叫雪兒。

突然，雪兒動了動，抬頭看了看她，嗚地叫了一聲，然後竄出她的手臂，開始在院子裡活動筋骨，慢慢地開心跑動了起來。女孩拖著兩條疲憊的腿開始追著，雪兒並沒有跑出院子，大多時候只是圍繞著那顆蘋果樹在跑，女孩氣喘吁吁，卻漸漸覺得腿不痠了。

等到終於玩累了，女孩重新坐在樹下，笑著向雪兒招手，叫牠的名字。雪兒又嗚了一聲，算是回應她了，迅速跑了過來，小腿蹬著爬上她的雙膝，找一個舒服的姿勢趴了下來。

這時，她媽媽出現在院子裡，看見了這一幕，向她詢問。她有些忐忑，怕媽媽不喜歡這隻狐狸，小心翼翼地望著她。有些意外的是，女孩媽媽十分鼓勵她收留這隻小狐狸，還誇她是個有愛心又勇敢的孩子。

女孩非常高興，她抱起雪兒回到自己的臥室，翻出一張墊子，將牠放在上面。還笨手笨腳地用拍立得相機為牠拍了張照片，滿意地放在了筆盒裡。

「雪兒陪我一起念書吧！」她這麼想著，於是又把小狐狸抱在腿上，開始拿起課本，讀起今天剛學過的課文……

▪心理印象

積極心理學是心理學研究的一種新型模式，相對於消極心理學，旨在透過激勵的方法使人們擁有積極樂觀的態度。其中有一種例子叫做賞識教育。

賞識教育是充分展現積極心理教育理論的一種教育策略。以人性為基礎，並以尊重學生人格為前提，再以賞識為先導，透過表揚、肯定學生的某些優點，激發受教育者的主動性和潛在的巨大能力，或是人的良知與自覺性，實現對學生有效激勵作用的「正向強化」教育形式。

在承認差異、尊重差異的基礎上，看到學生一點一點地進步，用欣賞的眼光發現學生的可貴之處，使學生看到自己的優點，促進學生不斷地進步和成長。

家長是孩子的第一任老師，對孩子的教育和成長具有十分重要的意義。夢中，女孩的媽媽對女孩採取的就是正向激勵的賞識教育，不僅令孩子身心愉悅，同時也間接鼓勵她努力學習。

而做夢者在夢中會出現這樣的夢境，實際上是渴望自己能夠獲得更多的賞識和肯定，或是在現實生活中有十分疼愛她的父母。

可愛的動物一般都有溫馴的一面，其實很多可愛的小型動物都很適合當寵物。因此，夢中的小狐狸其實代表了夥伴。也暗示了做夢者內心渴望結交朋友，希望能擁有玩伴。做這類夢的孩子，可能背負了當今社會填鴨式教育的壓力，在學校和家長的雙重壓力下，早早就失去了原本該有的童年生活。

不過，夢中的女孩並不消極，證明孩子的世界還是天真活潑的，很容易忘卻煩惱的。

也有另一種說法，認為狐狸代表著互利，說明做夢者周遭的人際關係良好，但是自己內心可能存在著某種祕密，不願與人分享。如果是孩子夢見小狐狸，內心覺得牠很可愛，那麼必然是無害的。孩子的世界總是帶有天真和奇幻，說不定會心存自己的小小幻想，並為此而驕傲著。

生活心法

對學校和家長來說，面對孩子的學習和成長，要多以正面鼓勵為主。管理學和心理學證明，正向激勵往往比負面責備能夠發揮更好的效果。因此，可以考慮實踐賞識教育，前提是雙方建立了足夠的信任。

賞識教育並不光是說幾句讚美的話，還要能點亮孩子內心的火花。因此，要學著多瞭解孩子，融入他們的世界，瞭解他們真正想要的是什麼，有什麼興趣愛好，因材施教，往往事半功倍。

08 親人的死亡

・夢裡千尋

她現在覺得非常睏，而且頭痛欲裂。以最快的速度從考場出來後，很快回到宿舍，一頭倒在床上。

太累了，都怪平時沒好好準備，考試前要複習的重點太多，又擔心自己成績不理想，於是考試前連續兩天通宵達旦抱佛腳，幾乎沒怎麼睡覺，奇怪的是，就像被打了營養針一樣，絲毫不覺得疲倦。

可是等考完就不這樣了，一波一波的睏倦襲來，她覺得自己睏到了極點。於是，躺在床上，閉上眼睛就睡著了。

不知道過了多久，她醒過來，天已經黑了。這時發現手機有好多通未接來電，都是自己家裡的號碼。大概是太累了，竟然都沒有聽見電話鈴響。不過，接連打這麼多通電話，這讓她有種不好的預感。

於是她趕緊回撥，接通之後，電話那邊有隱約的哭泣聲。

「爸？」她試探地問。

「打妳電話怎麼沒接，在忙嗎？」父親的聲音相對鎮定，聽不出情緒。

「沒有，怎麼了，家裡有什麼事嗎？」她有些擔心地問。

「沒事請假回來一趟，妳奶奶心臟病復發，恐怕不行了。」說到後來，父親的聲音漸弱。

怎麼會……上週回家奶奶明明還好好的。她不敢相信地搖了搖頭，迅速應了一聲就掛斷電話，然後立刻拿起包包衝出宿舍。

出校門叫了車，雖然家裡離學校不太遠，但也算是外地，客運大概要搭三個小時，火車要更久一點。而且現在這個時間，末班客運已經發車了，於是她改買訂火車票，不幸的是，火車票也售完了。

她非常著急，開始在車裡自責，司機聽到了她的話，決定送她一程，她萬分感謝。

就這樣一路到了家，恍恍惚惚，不知道車開了多久。直到她進入醫院的那一刻，天空已經泛白了。

病房門外，她聽到了此起彼伏的哭聲，她突然意識到了什麼，腳下像是灌了鉛一樣，一步也挪不了，手指顫顫巍巍地想要開門，卻終究因為害怕而停住了。她慢慢坐到椅子上，好保持自己不會摔倒。

父親從房裡出來，臉上掛著淚水，看到了她。問她什麼時候到的，怎麼沒有進去？又說她回來晚了一步，老人家剛剛離去。

她強忍著悲痛進入病房，奶奶的身體已經蓋上白布。她終究沒有見到奶奶最後一面。她失聲痛哭，十分自責。心裡想著，如果沒有睡著就好了，如果沒有熬夜K書就好了，如果平時多準備就好了……

之後，她接到學校同學的電話，說她有一科不及格。她感覺自己快要窒息了，然後在悲傷中醒來。

・心理印象

在社會心理學中，人們把行為反映的結果與預期目標完全相反的現象，稱為「迴力鏢效應」，即「飛去來器效應」。這好比用力把迴力鏢往一個方向擲，結果它卻飛向了相反的方向。迴力鏢為澳洲土著使用的一種拋出去又會重新回來的武器。

日常工作與生活中常會發生這種迴力鏢效應。做夢者在夢境中也反映出了這樣一種效應。具體來講，做夢者希望透過疲勞戰術的學習來提高自己的成績，但是結果卻適得其反，不甚理想，反而錯過了和親人的最後一面，實在是得不償失。這暗示了做夢者，一是日常生活中的目標與計畫並不協調一致。只把眼睛盯在目標上，卻忽略了計畫的可行性，是不易達成目標的；二是由於心裡的擔心和厭煩而產生情緒化的逆反心理。在夢裡表現出失敗、驚慌失措與自責。

而夢見親人的去世，尤其是老人的去世，可能是由於自己平時比較關心家中老人的身體狀況，而自己因為平時比較忙碌或是離家較遠不能時常回去探望。老人去世，而做夢者在夢中沒有見到其最後一面，也代表了做夢者日常不能時常見到親人的一種遺憾。同時，可能也因為對自己的日常表現不甚滿意，所以導致這種遺憾便更加明顯。

另外，夢中的失聲痛哭，實則是一種情緒上的發洩，也是一種自我反省，希望自己能夠有所改變。

生活心法

採取行動多關心家人和朋友，有時候想念要表達出來，而不是憋在心裡。如果不能時常見面，多打電話聯絡感情也好，大聲把愛與關心說出來，對自己和家人都是一種寬慰。這樣一來，萬一現實生活中真的聽到一些不幸的消息，也不會覺得太過遺憾。

要杜絕懶惰心理，凡事要早做計畫，並不斷尋找解決問題或達成目標的有效方法。即便方法不是最好的，至少也要能令人滿意。這樣，可以避免「迴力鏢效應」所帶來的不良影響。同時，如果真的發生了適得其反的效果，也不要太懊惱，驚慌無濟於事，而是要想辦法彌補。可嘗試讓事態自然回歸，順其自然。

09 形形色色的符號

・夢裡千尋

不知不覺中她又走到了一個十字路口，由於方向感極差，她懷疑自己走到了原點。自己手上的地圖跟鬼畫符似的，根本就靠不住，她氣得把那唯一的地圖撕成碎片，扔進了旁邊的垃圾桶裡。

頭頂上有一排排各式各樣的路牌，她苦著一張臉一個個看過去，每個路牌都指往不同方向，東南西北均有，還有空白一片的，也有整版塗黑的，她完全混淆了。無奈中，她頭疼地收回視線，往前看。路上也都是一個個帶著箭頭的指示牌，還豎著一大堆板子，上面有的畫著不知道是什麼符號的圖案，有的可能是寫了字，還有的像文章大綱一樣列出一條又一條，完全看不懂。

她決定放棄研究這些東西，考慮找個人直接問路。路上的行人都面帶微笑，看起來非常親切，這讓她稍微放心了一點。她鼓起勇氣叫住了一位迎面走來的大哥，大哥停下來，臉旁邊出現一個大大的問號，就像她玩的遊戲介面一樣，她心想這個地方還挺親切的，對方的情緒都這麼直接好認。

未等她開口，大哥就笑瞇瞇地揮揮手，指著頭頂上的某一塊牌子。她為了確認，問了一句：「到底是哪一塊牌子，這些牌子都表示什麼意思？」但對方僅僅是保持笑容，一直伸直了手指著頭頂，她比剛才更加認真地盯著那些牌子，看得脖子都瘦了，才敢確定他指的是離她最近的那一塊牌子，她謝過大哥，就順著那塊牌子的方向走了。

走著走著，她又遇到了十字路口，於是她如法炮製，這次是跟一個中年大嬸搭話。大嬸沒有指頭上，而是指了路邊那些牌子。她謝過，繼續朝前走。

她感覺自己走過了十幾個十字路口，一直在確認應該看哪塊牌子，牌子上的符號代表什麼意思，間或會想這些行人臉旁的問號為什麼都不會消失呢？按遊戲規則來說，大概是因為一直沒有做完任務吧？她突然覺得現在的狀態，跟玩遊戲時按地圖完成任務的狀態很像。

這時她想起了一個很嚴重的問題，她剛剛把地圖撕掉了，而地圖的後面寫著她要去的目的地。雖然也是一個符號，但是起碼是個指示標誌。現在符號不見了，而她完全不記得符號的樣子。

「不然，就繼續向前走走看吧！」她想。

在她走得口乾舌燥的時候，她覺得遇到的行人和周圍的牌子看起來都好眼熟。

似乎又回到了原來的十字路口。

・心理印象

心理學認為，人類以符號為各種經驗標記一定的秩序，因此有了符號學。符號，很多時候代表了語意的傳遞。而在夢中，這種語意的傳遞顯然是不明確的，或說是做夢者不能理解的。暗示著在現實生活中，做夢者周圍可能充斥著大量的資訊，致使她有些難以消化。

在十字路口處迷路，說明周圍的提醒和指示無法提供做夢者良好的建議，做夢者可能在工作和學習中缺乏前進的動力，或前進的方向是比較盲目的。

詢問路人的時候，路人的表現很和善，則象徵著做夢者潛意識裡希望得到他人的幫助，且內心迫切地想要解決問題，或希望他人能夠給自己一個很好的指示，指引自己人生的方向。

路人頭上出現問號。心理學研究指出，問號就像是一隻「耳朵」，如果用它來多聽多搜集想要的資料，就成為了智慧的代名詞。提問，則是多向別人討教，為了能聽到真學問，務必謙虛地多提問。實際上，提問是一種心理需求，接受別人的提問也是一種心理需求。因此，只要你善於「問」，對方通常會毫無保留地告訴你。當然，有利益衝突的時候除外。

因此，潛意識裡做夢者是願意向他人問路的。在自我暗示的效應下，也相信他人是願意為她解答的。而夢中的問號不僅代表疑問，也代表可以接受提問。

但是，最終做夢者忘記了目的地的符號，而且還是因為自己撕掉了地圖，表示沒能達成願望是由於自身原因所造成的。而且場景最後的迷路也表示著做夢者的徘徊不定，以及可能因為某種原因停滯不前。

生活心法

所謂活到老學到老，我們需要多學會體會人生，並在人生中不斷尋找自己的方向，在這個過程中努力學習。

有人說人生就像標點符號，而且主要以逗號、句號、問號、驚嘆號為主。我們要在生活和學習中充分體會。

逗號，代表謙卑，耐心，蓄積力量。一件事情還沒有結束之前的暫時停頓，整裝待發，蓄積能量，然後走得更遠。

句號，是個完整的圓圈，代表了有始有終，堅持到底，而非半途而廢。這是一種高度負責的態度。

問號，代表向人討教，三思而後行，以及自省。有利於我們慢下來，使得自己考慮問題時變得更周全。

驚嘆號，則鼓勵自己要表達自己的真情實感，以及多對人誠懇且正面的評價。

在生活中，充分體會各個符號的意義吧！在人生中適當的時候畫合適的符號，說不定生活會因此變得有趣起來。

10 陌生的語言

・夢裡千尋

他站在廣場中央，眼前這個看不清臉孔的男人正在拚命對他說著什麼，雖然男人很努力地說，但是非常不幸的是，他一句也聽不懂，嚴格來說，他甚至連一個詞也聽不懂，那好像是一種他從未聽到過的語言。就算男人拚命地做各式各樣的肢體動作，他也完全不能理解這個男人究竟想表達什麼。他想對方應該是沒有敵意的，看得出來對方其實也很焦急，可是他無能為力。

男人的聲音漸漸變得模糊起來，那種感覺很難形容，就像沒有電池的玩具車一樣，聲音越來越輕，也越來越慢，直至無聲。如果只是無聲倒也沒什麼，但令他害怕的是，這個男人的嘴仍舊不停動著。如果不是這個男人有問題，就是他自己有問題了吧?他這麼想著，感到越來越害怕，開始想要逃走了。他想，既然聽不到，乾脆不要去想這件事算了，他覺得這麼做非常鴕鳥心態，但也沒有別的辦法。

他朝著與那人相反的方向，閉著眼在路上跑，直到感覺自己應該跑了好幾條街，才終於停下來大喘氣。

他在街上左右張望，發現有很多人想要和他搭話，他們的輪廓都很淡，身上的顏色也不多，走起路來都很輕，經過他身邊時會帶起一陣微風，就跟剛剛那個男人的聲音一樣，讓他覺得很不安，於是，他在站原地一動不動，就那麼看著，有人搭話也沒有回應，直到有一個臉部輪廓最清晰的人來搭話。

那是位長髮的女性，她停下來看了看他，然後張嘴。

一聽便知，她所說的話跟之前那個男人又是不同的語言，但他依舊沒有聽懂。對他來說，這只是某種聲音，無法當成語言來認知，而且他發現這位女性的聲音比那個男人消失得更快。他再一次逃走了。

他嘗試了一次又一次。每個人都是不同的語言。唯一的共同點是，那些聲音都會漸漸消失不見。

可是看到別人泰然自若的神情，他腦海中突然冒出一個想法——在這裡，最奇怪的人，說不定是他自己。

・心理印象

陌生的語言代表了一種陌生的環境，或是新鮮的陌生事物，或是一個人最新接觸的一項事物。做夢者在夢中聽到了一些陌生的語言，卻聽不懂，於是選擇了逃跑，暗示著做夢者不能融入或接受新鮮的事物，抑或是想要接受卻力不從心。

但是從心理學的角度來講，沒有人會完全無法接受新鮮陌生的事物或環境，本質上來說都是由於內心的排斥性所造成的。

這可能是由於一種自我為中心的主管臆斷造成的。這一類人只會從自己的立場與觀點去認識事物，而不能從客觀的、他人的立場和觀點去認識事物。現實生活中，我們不難發現，有一類人存在著過於濃厚的自我中心觀念，容易根據自己的理解進行十分自我的判斷，長此以往容易將自己隔離在眾人之外。

夢中，做夢者的表現暗示了他以為自己是被人厭惡的，但是面對這種情況，他卻表現為一種自哀自憐的排他性，而非嘗試去理解別人、融入別人，更感覺到自己的奇怪和特殊。這樣的人往往自私和自我，而且因循守舊，貪圖穩定，不喜改變。

另外，做夢者在夢中感到不安的時候，他本能反應是透過一些行動來保護自己，或說是縮在自己的保護殼中，拒絕與其他人搭話。一方面說明做夢者潛意識裡自我保護意識很強，害怕受到傷害，寧願固執己見，與他人關係疏遠。另一方面，說明做夢者內心深處的自尊心很強，對自己過度防衛。這類人容易嫉妒別人的成績、成功，對別人的失敗幸災樂禍，不願提供別人任何有益的資訊。

生活心法

敞開心扉，接受他人。

人際交往講求互惠原則，希望別人對自己好，那麼自己也應該有相對的付出。如果在交往中為了滿足自己的需求，處處維護自己的自尊，與其他人對立，最終只會將自己封閉起來，將自己與外界隔離，處於自我封閉和自我隔絕的狀態。

對於具有過度自我中心這種嚴重心理障礙的人來說，應該學會正視社會現實，試著禮尚往來，在必要時做出一點讓步。加強自我修養，學會控制自我的欲望與言行。學會尊重、關心、幫助他人，這樣才可獲得別人的回報，也可從中體驗人生的價值與幸福。

11 海邊的燈塔

．夢裡千尋

海面非常平靜，黃綠色的海面上沒有一點波浪，也不知道這片海到底是死了還是活著，女人站在沙灘上，遠遠地眺望著這片大海，她覺得那黃綠色非常好看，簡直就像她一樣。

她拖著長長的裙襬沿著沙灘走著，沙灘的盡頭有個水泥台，上面有一座燈塔，不過那燈塔已經很破舊了，外層牆面已然剝落，露出底下的紅磚，裡面的木梯看起來腐朽不堪，大概一腳就能踩碎。

她圍著燈塔轉了兩圈，除了再次肯定這座燈塔已經破敗得隨時都會坍塌之外，再沒有別的發現，她又回到了沙灘上，這回她選擇往相反的方向走。

越走越發覺這是個貧瘠的沙灘，只有滿地沙子。她洩憤似的把這些沙子踢起來，踢得到處飛揚，像個不懂事的小女孩一樣在沙灘上跺腳鬧脾氣，但很快就玩膩了。她又看了幾眼海，看了幾眼周圍，發現不知道什麼時候，這裡出現了很多人，而她成為了大家的中心，因為不論是誰都會圍著她打轉，簇擁著她，雖然看起來一切是那麼令人不敢置信。

但是她沒有停留，因為她依舊惦記那座燈塔。於是她離開這裡，再次朝燈塔走去。

不管看多少次，這燈塔都一樣破敗不堪，她開始擔心自己在上面走著，會不會突然從燈塔上摔下去。可是又覺得摔下去說不定也不錯，只要能離開這裡。

她稍微猶豫了一下，連雙腳都在顫抖，最終還是選擇踏上那殘破的樓梯。她小心翼翼地踮著腳尖往上走，每走一步，腳下的木板都會發出咿呀的聲響，宛若隨時都在警告她，它命不久矣。可是她還是想要到最上面去，那個最高的地方。

她扶著牆，如履薄冰地走到了燈塔中段，那裡正好有個窗子，她的確覺得很累、很不安，那窗子就像某種救命浮板一樣，令她不由自主停下了腳步。

突然，她聽到了海濤的聲音，她好奇地扶著窗子看過去，發現大海變成了奇怪的寶石藍。海居然變成了藍色，她有些詫異的自言自語。

有人正站在沙灘上，對，就是自己曾經站過的地方，她看不清楚是誰，只是下意識地覺得那人對她很重要。

那人和她對上了視線，朝她伸出了手。她鬼使神差地下了燈塔。

走出燈塔，再回頭時，她眼前只有遼闊的寶石藍大海。

「變得美麗了呢！」她想。

．心理印象

有時候，表面看來破敗不堪的東西，內在可能存在著耀眼的光華。同樣，燈塔象徵著希望和光芒，儘管夢中的燈塔周圍相當殘破，通往燈塔的道路甚至是危險的，但是遠處的燈塔依舊代表著希望。

夢中，一開始的大海是沒有生機的，暗示了做夢者內心的情緒和真實想法，如果不是因為生活毫無波瀾的，那麼這個景象則表達了做夢者失去了生活的情趣，認為生活沒意思，無意義。

甚至，夢裡的沙灘是枯燥的，暗示做夢者生活的枯燥乏味。潛意識裡，做夢者很希望自己能夠發洩這樣的情緒，所以她像小孩子一樣鬧脾氣，但最終還是要一個人獨自消化吸收這些情緒和反應。

可是在潛意識裡，做夢者還是想追求希望，這也是為什麼在面對別人圍繞著她的時候，她仍然選擇一個人去燈塔處尋找希望。

心理學有一個說法是「燈塔效應」，得出這樣一個結論：當人們的行動有了明確目標，並把自己的行動與目標不斷地加以對照，進而清楚地知道自己的行程進度和與目標之間的距離，人們行動的動機就會得到加強，不自覺地克服困難，努力達到目標。

或許潛意識裡，做夢者的目標不見得很明確，但是內心還是認為人生需要目標，而且需要重要的人來指引。因此，在夢中，雖然沒有看清楚後來沙灘上站著的那個人是誰，但是對做夢者來說很重要。

也許那個人並沒有明確所指，只不過是做夢者潛意識裡希望出現一個重要的人，帶著她走向希望，因此，夢裡的那個人的樣子是模糊的。或者那只是一個重要的想法，具體向她伸出手的人是誰，不是重點。

生活心法

有句話說，在我們的生活中到處都有路標，卻沒有目標。人生沒有目標就容易失去方向，如同無舵之船、無韁之馬，離成功只會越來越遠。可見設立自己的人生目標是十分重要的。

因此，我們時刻要確立目標，可以是短期的、中期的、長期的。或許目標並不十分明確，那也沒有關係，重要的是要對此有想法，覺得自己接下來要做什麼，未來可以做什麼，怎麼樣才能過得更好。如此，生活的動力就會加強。

另外，無論什麼時候都不要放棄希望。有了美好的希望，然後矢志不移地努力，就有可能成功，反之將一無所成。

國家圖書館出版品預行編目資料

盜夢書─心理醫生偷走了你的夢 / 靳汝陽著.
-- 第一版. -- 臺北市 : 樂果文化出版 :紅螞蟻圖書
發行, 2015.12 面 ; 公分. --(樂成長 ; 14)
ISBN 978-986-92479-0-0(平裝)
1. 解夢

175.1 104024472

樂成長 14

盜夢書─心理醫生偷走了你的夢

作　　　者 / 靳汝陽
總　編　輯 / 何南輝
責 任 編 輯 / 王怡之
行 銷 企 劃 / 黃文秀
封 面 設 計 / 張一心
美 術 構 成 / 菩薩蠻數位文化有限公司

出　　　版 / 樂果文化事業有限公司
讀者服務專線 / (02)2795-3656
劃 撥 帳 號 / 50118837 號　樂果文化事業有限公司
印　刷　廠 / 卡樂彩色製版印刷有限公司
總　經　銷 / 紅螞蟻圖書有限公司
地　　　址 / 台北市內湖區舊宗路二段 121 巷 19 號(紅螞蟻資訊大樓)
電話:(02)2795-3656
傳真:(02)2795-4100

2015 年 12 月第一版　定價/ 260 元　ISBN 978-986-92479-0-0